W0347834

Markus Breitscheidel
Nicht auf den Kopf!

Markus Breitscheidel

Nicht auf den Kopf!

Meine persönlichen Erfahrungen
mit Gewalt in der Familie

Econ

Einige Namen wurden gezielt verändert ...

Copyright-Angabe für das Lied »Dein Gesicht« von Herman van Veen:
Musik: Hermannus J. Herman van Veen
Text: Robert Rob Chrispijn
Thomas Woitkewitsch
© Harlekijn-Music/Universal Music Publishing B.V./Universal Music Publishing GmbH

FSC www.fsc.org
MIX
Papier aus verantwortungsvollen Quellen
FSC® C014496

Econ ist ein Verlag
der Ullstein Buchverlage GmbH

ISBN: 978-3-430-20199-5

© der deutschsprachigen Ausgabe
Ullstein Buchverlage GmbH, Berlin 2016
Alle Rechte vorbehalten
Gesetzt aus der Scala OT
Satz: L42 Media Solutions, Berlin
Druck und Bindearbeiten: GGP Media GmbH, Pößneck
Printed in Germany

DEIN GESICHT

Wer hat den Ernst in dein Gesicht gebracht?
Wer hat das Licht gelöscht in dir?
Wer hat die roten Wangen bleich gemacht?
Wer brach roh ein in dein Revier?
Wer nahm die Leichtigkeit, die Unbefangenheit?
Wer brachte dich um deine allerschönste Zeit?
Wer machte deine klaren Augen blind?
Wer trieb mit dir ein böses Spiel?
Wer tötete das unbeschwerte Kind?
Das immer aufstand, wenn es fiel.
Wer bremste deinen Drang? Wer lehrte dich den Zwang?
Wer brach die Flügel dir, bevor der Flug gelang?

Wer ließ dich einfach in der Ecke stehen?
Wer hat dein Spielzeug dir zerstört?
Zu wem hast du vergeblich aufgesehen?
Auf wen hast du umsonst gehört?
Wer hat nur unerlaubt die Zukunft dir geraubt?
Wem hast du vorbehaltlos bis zum Schluss geglaubt?
Wem hast du vorbehaltlos bis zum Schluss geglaubt?

Herman van Veen

Vorwort

Jede Begegnung ist eine Chance.

Er ist der Einzige, der nicht weiß, dass ich diese, unsere, meine Geschichte aufschreibe. Er wird davon vielleicht erst aus der Zeitung erfahren. Oder wenn ihm Nachbarn davon erzählen. Vielleicht findet er das Buch zufällig in der Buchhandlung. Vielleicht nimmt er es und feuert es zornig in die Ecke. Zerreißt und zerfleddert es. Tut ihm die Gewalt an, die er früher seiner Frau und seinen Söhnen angetan hat. Oder er versucht, das Buch zu ignorieren, schaut vermeintlich drüber hinweg. Oder er trinkt sich darauf einen. Oder besser: Er säuft. Der Alkohol war immer sein bester Freund. Mit ihm fühlte er sich stärker. Auf jeden Fall stark genug, um seine Frau und seine Kinder zu verprügeln.

Vielleicht liest er das Buch. Vielleicht sagt er solche Sätze wie: »Das ist viele Jahre her.« Oder: »Es muss doch auch mal Gras über eine Sache wachsen.«

Stimmt. Es ist lange her. Das letzte Mal geschlagen hat er mich vor 28 Jahren; das erste Mal vor vierzig. Dazwischen lagen zwölf schreckliche Jahre.

Und, ja, es ist Gras darüber gewachsen. Wer mir heute begegnet, sieht keine blauen Flecken, keine geschwollene Nase mehr. Es ist »was Ordentliches« aus mir geworden. Meine Brüder führen ein unauffälliges Leben. Wohnen sogar noch im selben Ort, wo alles geschah. Mein älterer Bruder hat das Haus unserer Kindheit, den Tatort, umgebaut und in sein Zuhause verwandelt, wo auch unsere inzwischen siebzig Jahre alte Mutter ihren sicheren Platz gefunden hat. Heile Welt. Die Wunden sind verheilt. Äußerlich.

Innerlich ist einiges geblieben. Vor allem die Erinnerungen an den Anblick meiner geschlagenen Mutter und meiner verprügelten Brüder. Den eigenen Schmerz habe ich, so gut es geht, verdrängt; ich habe fast vergessen, wie sich die Prellungen im Brustbereich, die geschwollenen Gliedmaßen, das Dröhnen in den Ohren angefühlt haben. Aber die Bilder von meiner verzweifelten Mutter, die sich schützend über ihre Söhne wirft, bleiben. Auch die von der berstenden Kinderzimmertür, durch die unser wutschnaubender Vater bricht, um sich gezielt an uns zu vergehen, sich eine perverse Form von Erleichterung zu verschaffen. Und auch die Bilder von der verlogenen Familienidylle mit gemähtem Rasen und sauber geschnittener Thuja-Hecke, die derselbe Mann vor seinen Nachbarn, Kollegen und Parteifreunden inszenierte.

Ich schreibe unsere Geschichte auf, weil ich weiß, dass sie auch heute noch in Familien passiert. Jeden Tag. Überall in der Republik. Unabhängig vom sozialen Umfeld wird geprügelt, verletzt, beherrscht, kontrolliert, gedemütigt, eingeschüchtert und verängstigt, was das Zeug hält. Und es wird weggesehen. Jeden Tag begegnen die geschlagenen Kinder und Frauen anderen Menschen: Lehrern und Lehrerinnen in der Schule, Trainerinnen und Trainern im Sportverein, Pfarrerinnen und Pastoren, Nachbarn, Ärzten, Busfahrern und Passanten, Müttern und Vätern von Mitschülern. Jede Begegnung wäre eine Chance: Gesehen zu werden. Verstanden zu werden. Gerettet zu werden.

Um über Jahre vier Menschen misshandeln zu können, braucht es nicht nur einen kranken Mann wie unseren Vater, sondern auch unzählige Menschen, die wegsehen. Erschreckenderweise werden im angeblich so hochzivilisierten Deutschland nicht immer weniger, sondern immer mehr Fälle wie der unsere gezählt.

Laut einer repräsentativen Untersuchung des Bundesministeriums für Familie, Frauen, Jugend und Senioren haben 37 Prozent aller Frauen mindestens schon einmal körperliche Gewalt erfahren. Viele dieser Frauen sind Mütter. Und auch deren Kinder bleiben von dieser Gewalt nicht verschont. Es gibt in Deutschland rund 350 Frauenhäuser und Frauenschutz-Wohnungen. Dort suchen jährlich etwa 40.000 Frauen und Kinder Schutz. Zu viele. Mehr als geschützte Plätze für sie vorhanden sind. Wegen Überfüllung werden Schutzbedürftige abgelehnt – und gehen »heim«. Zum Schikanierer.

Ich will, dass sich das ändert. Deshalb schreibe ich dieses Buch. Ich möchte für die sprechen, denen das Reden gewaltsam ausgetrieben wurde, oder für die, denen Mut und die Worte fehlen. Ich möchte aufrütteln, ermutigen, auffordern, bewusst hinzusehen. Oder einem Verdacht nachzugehen, wenn nebenan jemandem die Hand ausrutscht, Fäuste fliegen, getreten und geschrien wird. Aus eigener Erfahrung weiß ich, wie es ist, sich ausgeliefert zu fühlen: dem Vater, der Gewalt, den Umständen, den gesellschaftlichen Ansprüchen des Umfeldes. Perfide, komplex.

Wenn Kinder und Mütter selbst ohnmächtig sind, nicht um Hilfe bitten wollen oder können, könnten die Menschen drum herum eingreifen. Gewalt gegen Frauen und Kinder gehört zu den schweren Menschenrechtsverletzungen. Das Grauen der Gewalttaten meines Vaters war für meine Mutter, meine Brüder und mich erst zu Ende, als ich alt genug war und den Mut hatte, die Polizei zu holen und vor Gericht zu ziehen. Mein Vater kam nicht ins Gefängnis. Leider. Im Gegenteil: Er lebt noch als unbehelligter Bürger in seiner Heimatstadt, genießt seine stattliche Rente und wurde unlängst von seiner Partei für die langjährige Mitgliedschaft geehrt.

Er hat nie wieder etwas ausrichten können gegen uns. Hat es auch nie wieder versucht. Seither ist Ruhe. Es wird Menschen geben, die mir vorwerfen, dass ich mit diesem Buch genau diese Ruhe störe und alte Wunden wieder aufreiße. Meine Mutter und meine Brüder wissen, was ich tue, und unterstützen mich bei diesem Werk. Uns ist bewusst, dass alte Wunden aufreißen können. Bei uns, bei dem Täter und auch bei den Mitwissern und Wegsehern. Ich gehe das Risiko ein.

Vielleicht liest das eine oder andere Opfer das Buch und ist froh, dass mal jemand den Mund aufmacht.

In diesem Buch können Sie lesen, wie schwierig es ist, zu entscheiden, wann und wie ein Eingreifen von außen nützlich wäre und wann es leider auch gefährlich sein kann.

Wenn die Gewalt in unserer Familie irgendeinen Sinn hatte, dann vielleicht den, dass ich heute dabei helfen kann, dass sie in anderen Familien nicht mehr stattfindet oder so schnell wie möglich beendet wird.

Geburt in unruhigen Zeiten

Es waren unruhige Zeiten, als ich 1968 das Licht der Welt erblickte. In Vietnam tobte ein brutaler Krieg. In den USA protestierten die Studenten mit Sit-ins dagegen. Der Menschenrechtsaktivist Martin Luther King, der vier Jahre zuvor wegen seines Engagements für soziale Gerechtigkeit den Friedensnobelpreis erhalten hatte, war im April bei einem Attentat ermordet worden. Seither wurde in den USA wie nie zuvor gegen Rassentrennung demonstriert und erbittert gestritten. Auch Europa war in Bewegung: Märzunruhen in Polen. Pariser Mai mit den Studentenunruhen und dem wochenlangen Generalstreik in Frankreich. Die blutige Beendigung des Prager Frühlings im August. Schüsse auf den demonstrierenden Studenten Rudi Dutschke in Berlin.

Auch in deutschen Städten herrschte ein offener Konflikt zwischen der Kriegs- und der Nachkriegsgeneration. Die sogenannte 68er Bewegung kämpfte gegen den autoritären Geist der konservativen Gesellschaft, gegen den starken Einfluss des Staates und der Kirchen auf das gesellschaftliche Leben. Der Drang der jungen Generation, ein selbstbestimmtes und freies Leben zu führen, war auf der ganzen Welt deutlich zu spüren. Überall. Außer in dem erzkonservativen Moselörtchen, wo meine Mutter mich zur Welt brachte. Hier bestimmte noch der Dorfpfarrer, wie man sich zu verhalten hatte.

Wie stark der Einfluss der Kirche war, hatten meine Eltern drei Jahre zuvor am eigenen Leib zu spüren bekommen. Im Winter 1964/65 hatten sie sich in der nahegelegenen Kreisstadt kennengelernt. Meine Mutter arbeitete als gelernte Friseurin in dem Salon, in dem sich mein Vater als Student wöchentlich die Haare schneiden ließ. Sie fanden sich sympathisch, wollten sich näher kennenlernen. Doch um sich einfach mal zu treffen, hatten sie einige Hürden zu nehmen.

Da war zuerst die Familie meiner Mutter: An der Spitze stand ihr patriarchaler Vater, und unter ihm diente seine treue und gottesfürchtige Ehefrau. Ihre zwei Töchter waren während des Zweiten Weltkriegs geboren. Er war Soldat an der Ostfront und geriet nur durch viel Glück nicht in russische Gefangenschaft. Sie hielt sich und die Kinder durch den Tausch selbstgestrickter Kleidung gegen Lebensmittel der nahegelegenen Bauernhöfe am Leben. Seit Kriegsende arbeitete mein Großvater bei der Deutschen Bahn, und die vier lebten in dem kleinen Haus an der Mosel, das seit mehreren Generationen Familienbesitz war. Zurückgeschaut wurde nicht. Staatlich war angeordnet, nach vorne zu sehen.

Für die Familie meines Vaters bedeutete der Krieg auch Flucht und Vertreibung. Bis kurz vor Kriegsende lebte sie auf ihrem großen Bauernhof in der Nähe von Breslau im damaligen Schlesien. Meine Großmutter brachte zehn Kinder zur Welt, doch nur fünf überlebten den Krieg. Anfang 1945 flüchtete die siebenköpfige Familie, wie viele andere mit nur dem Nötigsten ihres Besitzes, von einem auf den anderen Tag gen Westen und landete in einem Auffanglager in Niedersachsen. Damals wurden die Flüchtlingsfamilien in ländlichen Gegenden wie Eifel oder Hunsrück angesiedelt. Die Familie meines Vaters bekam ein Grundstück an der Mosel zugeteilt. Trotz schwerer Kriegsverletzung baute mein Großvater ein Haus für seine Familie, verstarb aber schon 1960. Seither lebte meine Großmutter mit ihren fünf fast erwachsenen Kindern allein in dem Haus. Für die Ortsansässigen waren die Flüchtlingsfamilien mit ihren eigenen Sitten und Gebräuchen ein Dorn im Auge. So wurden die Schlesier eine lange Zeit lediglich geduldet. Anschluss an das gesellschaftliche Leben in der Gegend war eher selten.

Dass meine Mutter als Tochter einer einheimischen, alteingesessenen Familie sich ausgerechnet in einen dieser Schlesier verliebte, war an sich schon ein Drama. Die beiden trafen sich heimlich. Erst als meine Mutter im dritten Monat schwanger war, offenbarten sie sich ihren Eltern. Der Skandal war perfekt.

Ein uneheliches Kind galt als »Bastard«, und die werdenden Eltern sowie deren Familien verloren enorm an Ansehen. Unehelichen Paaren und ihrem Nachwuchs war es nicht erlaubt, an Gottesdiensten und kirchlichen Feiern teilzunehmen. Selbst eine Taufe und damit die Aufnahme des Kindes in die kirchliche Gemeinde wären unmöglich gewesen. Für meine Großeltern war deswegen erstes Gebot: den Ruf und den Stand der Familie in der Dorfgemeinschaft zu wahren. Selbst wenn meine Eltern ins nahegelegene Trier oder nach Koblenz gezogen wären, meine Großeltern hätten sich im Dorf nicht mehr blickenlassen können. Es musste also schleunigst eine kirchliche Trauung organisiert werden.

Der Dorfpfarrer lehnte es rigoros ab, eine Braut zu verehelichen, der die Schwangerschaft bereits anzusehen war. Nach langem Suchen erbarmte sich in einem fünfzig Kilometer entfernten Kloster ein Geistlicher, dem Brautpaar seinen Segen zu geben. Erst als sie getraut waren, durfte mein Vater offiziell ins Haus meiner Großeltern einziehen. Dort kam kurz darauf mein ältester Bruder Wolfgang zur Welt.

Fast drei Jahre später, mein Vater hatte sein Studium beendet und bereits eine Stelle als Bauingenieur im Straßenbauamt, offenbarte ihm meine Mutter die zweite Schwangerschaft.

Ich war erst neun Wochen in ihrem Bauch. Das war für meinen Vater schon Anlass genug, vollkommen die Beherrschung zu verlieren: Er riss meine Mutter an ihren Haaren zu Boden und begann mit beiden Füßen auf ihren Bauch einzutreten. Erst als mein Großvater, durch die lauten Schreie meiner Mutter aufgeschreckt, an ihre Tür klopfte, ließ er von ihr ab. Das Ganze wiederholte sich wohl mehrfach während der Schwangerschaft, und jedes Mal war es »nur« die Angst vor dem Großvater, die ihn bremste. Niemand sprach über die Gewaltausbrüche meines Vaters. Niemand. Keinesfalls wollten sie den Ruf der Familie schädigen. Das Wort Trennung oder gar Scheidung wurde nicht einmal in den Mund genommen. Nicht nur dass meine Mutter als »gefallene« Frau in der Dorfgemeinschaft ihr Ansehen verloren hätte, auch meine Großeltern hätten sich nicht mehr auf die Straße getraut. Stattdessen wurde der Alkohol zum eigentlichen Sünder erkoren. Mein Vater zeigte schließlich nach jedem Ausbruch wochenlang Reue.

Am 15. Oktober 1968 wurde ich geboren. Wenige Wochen später erhielt ich das erste Sakrament der römisch-katholischen Kirche und wurde auf den Namen Markus-Josef Breitscheidel getauft. Zwei Jahre später komplettierte mein jüngster Bruder Oliver die Familie.

Kindheit zwischen Weinlese und Christmette

Die ersten Jahre meines Lebens vergingen schnell und abwechslungsreich. Es war kein üppiges, aber doch ein geordnetes Leben, in dem für alle gesorgt war – zumindest in materieller Hinsicht.

Wir lebten gemeinsam im Haus meiner Großeltern, das längst aus allen Nähten platzte. Auf einer bescheidenen Grundfläche von 65 Quadratmetern fanden im Erdgeschoss eine Wohnküche und ein kombiniertes Wohn- und Esszimmer ihren Platz. Unter der steilen Treppe gab es für uns sieben Personen ein winziges Bad, das einzige im Haus. Im Obergeschoss waren die Schlafzimmer meiner Eltern und meiner Großeltern. Als Kinderzimmer diente ein vom Speicher abgetrennter, kleiner Raum, in dem neben einem Kleiderschrank nur ein Doppelbett Platz hatte. Darin schliefen wir drei Jungs; Wolfgang, der Älteste, im vorderen Teil; mein jüngster Bruder Oliver in der sogenannten Besucherritze; und ich im hinteren Teil.

Meine Mutter arbeitete als Friseurin in der nahegelegenen Kreisstadt, wo auch mein Vater auf dem Straßenbauamt tätig war. Noch bevor wir Kinder morgens aufwachten, verließen sie gemeinsam das Haus und kamen erst spät zurück. Meist reichte die Zeit noch für ein gemeinsames Abendessen, bevor uns unsere Großmutter, die weitestgehend unsere Erziehung übernommen hatte, ins Bett brachte. Jeden Sonntag wurde morgens gebadet und gemeinsam der Gottesdienst besucht.

Die meiste Zeit verbrachten wir in dem großen Garten, den meine Großmutter gepachtet hatte. Es gab eine Schaukel und einen Sandkasten, es wuchsen Kartoffeln, Bohnen und Möhren, wovon täglich etwas frisch zubereitet auf dem Mittagstisch landete. Aus Brombeeren, Erdbeeren und Himbeeren kochten wir frische Marmelade. Kirschen und Mirabellen wurden für den Winter in Weckgläsern eingekocht.

In der Nachbarschaft wohnten unsere zwei Cousins und vier Großcousinen, die alle etwa in unserem Alter waren. Im Herbst trafen wir uns alle täglich zur Weinlese. Damals hatte fast jede Familie des Dorfes noch einen kleinen Weinberg. Zur Erntezeit halfen sich alle gegenseitig, die Trauben in den meist steilen Moselhängen mit der Hand zu ernten. Zur Mittagszeit brachte meine Großmutter das Essen mit dem Fahrrad direkt an den Weinberg, und alle aßen gemeinsam. Jedes der Familienmitglieder hatte seine zugeteilte Arbeit zu erledigen. Wir Kinder standen den ganzen Tag in riesigen Wannen, in denen wir mit unseren nackten Füßen aus den frisch geernteten Trauben den Most stampften.

Den Winter verbrachten wir meist in der warmen Stube. Sehnlichst warteten wir auf Weihnachten, für uns das größte

Fest im Jahr. Nach der großen Christmette gab es für uns Kinder die Bescherung, anschließend aßen wir Fisch. Ganz traditionell.

1974 – Indianer, Häuslebauer und Weltmeister

Das Jahr 1974 begann sehr ruhig. Erst im Herbst stand eine große Änderung für mich an: Mit dann sechs Jahren sollte ich eingeschult werden, und somit war klar, dass ich das letzte Jahr »in Freiheit« noch ausgiebig genießen würde.

Den Auftakt als Höhepunkt machte der Karneval, der endlich den langen Winter vertrieb. Wie jedes Jahr übernahm in der Woche vor dem Faschingsfest mein Großvater die Kinderbetreuung und zog mit uns Knaben zum Gemischtwarenhändler, der speziell für diese Zeit sein Sortiment mit Cowboy- und Indianerkostümen aufgestockt hatte. Das Fernsehen hatte damals nur zwei bescheidene Programme, aber wir alle schauten mit großer Begeisterung die Karl-May-Filme mit Lex Barker als Old Shatterhand und Pierre Brice als Winnetou. Somit war klar, wie das beste Karnevalskostüm auszusehen hatte: Mit großen Augen standen wir vor der Silberbüchse und den Spielzeugwaffen, die wir aus den Filmen kannten. Ich entschied mich für das Indianerkostüm und feierte meinen großen Auftritt als einer von vielen Häuptlingssöhnen bei der großen Kinderfaschingsparty.

Kurz darauf folgte der zweite Höhepunkt: Im Frühjahr erhielten wir, als eine der ersten Familien im Dorf, einen Farbfernseher. Eine echte Sensation, die auf Größeres verwies: die Fußballweltmeisterschaft im eigenen Land!

Als großer Fußballfan und Anhänger des 1. FC Kaiserslautern hatte mein Großvater seine gesamten Ersparnisse in das neue Gerät investiert. Schließlich gab es bereits seit Wochen im gesamten Dorf kein anderes Gesprächsthema – egal ob ich beim Bäcker ein Brot oder das Suppenfleisch beim Metzger für meine Oma abholte. Überall waren Bilder von Franz Beckenbauer, Uli Hoeneß oder Gerd Müller, dem »Bomber« der jetzt friedlich gewordenen Nation. Selbst für uns Kinder war spürbar, dass sich das ganze Land der Welt als friedliche Nation präsentieren wollte.

Doch damit nicht genug. Noch bevor der erste Ball gerollt war, überraschten uns meine Eltern mit der Nachricht, dass sie sich ein Grundstück gekauft hatten. Dank »Eigenheimzulage« und »Wohnungsbauprämie« und staatlichen Geldern zur Förderung des Wohnungsbaus sollte bis zum nächsten Sommer ein schmuckes Eigenheim für unsere Familie entstehen – und zwar in der nahegelegenen Kreisstadt.

Was für meine Eltern ein großer Gewinn war, brachte meinen großen Bruder tagelang zur Verzweiflung. Er ging schon in die zweite Klasse der örtlichen Grundschule. Und der Umzug bedeutete für ihn, dass er seine vielen Freunde verlor. Mich traf die Nachricht weniger heftig. Damit mir so was nicht auch passierte, ließen meine Eltern für ihr »Kann-Kind« die Einschulung um ein Jahr verschieben. Ein ganzes Jahr mehr ohne Schule. Ich fand das toll.

So stiegen wir eine Woche später alle gemeinsam in unser schon in die Jahre gekommenes Familienauto und machten uns auf den Weg nach Cochem-Brauheck. Dieser Ortsteil war erst nach dem Zweiten Weltkrieg im Zuge des Kasernenbaus für den Flugplatz Büchel entstanden.

Von oben betrachtet war die Siedlung Brauheck dreigeteilt: Ursprünglich hatte es nur die Kaserne und eine nahegelegene Wohnsiedlung für die Soldaten gegeben. Dann erweiterte der Bund in den 60er Jahren die Siedlung durch den Bau weiterer Mietwohnungen. Inzwischen lebten dort Familien, die von den Leistungen des Sozialamts abhängig waren und damals abwertend als »asozial« bezeichnet wurden. Und nun, Mitte der 70er Jahre, wurde ein anliegendes Waldstück gerodet und als Neubaugebiet für Einfamilienhäuser erschlossen. Für die sogenannten »Besserbemittelten«.

Ganz schön viel Phantasie brauchten wir, um uns vorzustellen, wie das mal aussehen sollte. Noch gab es nur einen Feldweg zu unserem Grundstück. Die Baugrube war bereits ausgehoben, und am Grundriss konnte man die Größe des zukünftigen Neubaus erahnen. Der sollte viel größer werden als das Haus, in dem wir jetzt lebten. Die Bauarbeiter waren gerade dabei, den Unterbau der zukünftigen Straße aufzubringen. Im gesamten Neubaugebiet waren erst drei Häuser errichtet. So konnte man alle drei Straßenzüge der Siedlung Brauheck gut überblicken. Hier würde es bald neben dem Buchenweg, in dem sich unser Grundstück befand, noch die Birken- und die Lindenstraße geben.

Wir Jungen sollten endlich jeder ein eigenes Zimmer bekommen. Diese Nachricht ließ selbst meinen großen Bruder die Trauer über den anstehenden Umzug vergessen. Auch meinen Großeltern war die Erleichterung deutlich anzumerken. Die tägliche Betreuung von uns drei Jungs war für meine Großmutter zu einer enormen Belastung geworden. Bald würden sie das kleine Haus wieder für sich haben. Alle waren so glücklich.

Die Freude hielt an. Am 13. Juni 1974 fand im Waldstadion zu Frankfurt am Main das Eröffnungsspiel zur zehnten Fußballweltmeisterschaft statt. Unser kleines Wohnzimmer war, wie das Stadion, bis auf den letzten Platz besetzt. Wir Kinder hockten unter dem Esstisch, als das Spiel zwischen Brasilien und Jugoslawien endlich angepfiffen wurde.

Einen Tag später schlug dann unser Team Chile mit 1:0, und auch die DDR bestritt ihr erstes Spiel gegen Australien mit 2:0. Weitere vier Tage später gewann die BRD gegen Australien mit 4:0, und erst der legendäre Jürgen Sparwasser ließ unsere Träume vom Titel im eigenen Land zunächst zerplatzen. Was war in unserem Dorf los, als unser Team das Spiel gegen das Team aus dem anderen Teil Deutschlands verlor!

Weltmeister sind »wir« trotzdem geworden. Der Titelgewinn trieb die männliche Jugend damals scharenweise auf die Sportplätze. Auch Wolfgang und ich waren nicht zu bremsen. Jeden Tag in diesem Sommer verbrachten wir beim Fußballspiel mit der gesamten Dorfjugend auf dem nahegelegenen Sportplatz. Wir würden auch die nächste WM gewinnen!

Ein folgenschwerer Unfall an der Schaukel

Dass im Jahr 1974 US-Präsident Nixon im Zuge der Watergate-Affäre zurücktrat, blieb im kleinen Moselörtchen ebenso unbemerkt wie der Rücktritt des beliebten Kanzlers Willy Brandt nach der Guillaume-Affäre. Mochten woanders die 68er Studenten das erzkonservative Leben ihrer Eltern abschütteln und in Kommunen neue Lebensformen erproben – bei uns ging das Leben noch seinen gewohnten Gang.

Ein guter, sonnenreicher Sommer bescherte der Moselregion in diesem Herbst einen hervorragenden Wein. In Brauheck war der Neubau bereits bis zum Richtfest fertiggestellt, und das letzte gemeinsame Weihnachtsfest unter einem Dach mit den Großeltern stand vor der Tür.

Kurz vor dem großen Fest war meine Mutter gemeinsam mit Opa und Oma in das nahegelegene Koblenz unterwegs, und mein Vater sollte auf uns drei aufpassen. Es war überhaupt das erste Mal, dass er allein mit uns einen Tag zu Hause verbringen sollte. Doch kurz nachdem meine Mutter das Haus verlassen hatte, war auch mein Vater verschwunden.

Meine Brüder und ich zogen zum Garten meiner Oma und spielten dort auf der Schaukel. Wolfgang, inzwischen acht Jahre alt, wagte Schwünge, die ich mit meinen sechs Jahren nicht nachmachen konnte. So gern ich das auch gewollt hätte. Und der kleine Oliver wuselte mit seinen vier Jahren irgendwo zwischendurch. Wir spielten wild und ausgelassen. Achteten nicht wirklich auf das, was um uns herum geschah. Plötzlich ein Schrei. Wir sprangen erschrocken von der Schaukel und sahen, wie Oliver fiel. Wir hockten uns neben ihn. Und schrien. Oliver bewegte sich nicht. Wir hatten ihn mit der Schaukel am Kopf getroffen. Unter seiner Nase klaffte eine Wunde und blutete. Nach ein paar Schrecksekunden fing Oliver an zu weinen. Gott sei Dank. Er lebte.

»Und was jetzt??«, fragte Wolfgang. »Hol jemanden!«, wetterte ich. Ich war selbst noch viel zu aufgeregt. »Ich bleib so lange bei Oliver!«

Wolfgang rannte los. Ich zog mein T-Shirt aus und drückte es auf die Wunde unter der Nase. Ich dachte, das hilft vielleicht. Was hätte ich sonst machen sollen? Kurz drauf tauchte Wolfgang mit meiner Tante auf. Die nahm Oliver vorsichtig auf den Arm und brachte ihn zum Haus, wo mein Onkel bereits mit seinem Auto wartete.

Wir fuhren zusammen ins Krankenhaus. Mir war schlecht. Wo war eigentlich mein Vater? Wir konnten ihn einfach nicht finden. Wie sich später rausstellte, saß er in der Kneipe, während wir mit Oliver im Krankenhaus waren. Er soll sich noch ein paar Schnaps genehmigt haben, bevor er nach Hause gewankt ist. Da traf er dann auf uns. Er trank weiter. Nun die Vorräte meines Großvaters. Unsere Tante blieb noch. Sie brachte Oliver ins Bett, und als der endlich schlief, fuhren mein Onkel und sie nach Hause.

»Kann man euch eigentlich keine fünf Minuten alleine lassen?«, brüllte er uns plötzlich an. Wir zuckten zusammen. Zogen die Köpfe ein. Sagten nichts. Hatten Angst. »Ihr seid echt für gar nichts zu gebrauchen! Nicht mal auf euren Bruder könnt ihr aufpassen!«, schrie er weiter. Ich wusste nicht, was ich machen sollte. »Wir haben doch nur …!«, begann Wolfgang. Noch bevor er den Satz beenden konnte, schlug mein Vater zu. Mitten ins Gesicht. Wolfgang flog durch den Raum, unfähig, etwas zu tun. Mich packte die nackte Angst. So schnell ich konnte, raste ich die steile Treppe zum Speicher hoch. Mein Vater folgte mir und drohte:

»Bleib gefälligst stehen!« Ich hörte ihn auf den Treppen. »Wenn ich dich kriege!«

Ich schlüpfte durch die Speichertür und verkroch mich hinter dem alten Küchenschrank. Mein Herz raste vor Angst. Zum Glück hatte die Glühbirne der einzigen Lampe ihren Geist aufgegeben, und mein Großvater hatte sie noch nicht ausgewechselt. Mein Vater wütete im Dunkeln. Die Lücke zwischen Schrank und Dachschräge bot wirklich nur Platz für meinen kleinen Körper. Mein Vater passte hier nie hin. Der war zwar nicht sonderlich groß, aber dick. Mein Versteck war also gut gewählt. Ich hatte hier nichts zu befürchten. Aber was war mit Wolfgang?

In diesem Moment schlug die Tür zum Speicher auf, und mein Vater stand im Türrahmen. Ich stockte. »Wo hast du Bastard dich versteckt?«, rief er. Stille. Ich machte keinen Mucks. »Komm da raus! Sofort!«

In diesem Moment hörte ich die alte Eingangstür ins Schloss fallen und wusste, Wolfgang war entkommen. Ich hielt die Luft an und machte mich so klein, wie es eben ging. Kauerte mich zusammen, gab keinen Ton von mir. Mein Vater rüttelte kurz und heftig an dem Küchenschrank. Zwei Einmachgläser fielen heraus und zerschellten am Boden. Er wich zurück. »Bete zu Gott, dass ich dich nicht erwische!«, schnaubte er wütend und verließ den Speicher.

Es dauerte gefühlte Ewigkeiten, bis mein Herz nicht mehr bis zum Halse schlug und ich richtig durchatmen konnte. Trotzdem. Ich blieb einfach da sitzen. In meinem Versteck.

Hinter dem Schrank. Erst als ich meine Großeltern hörte, traute ich mich wieder aus dem Speicher raus.

Mein Vater schlief auf der Wohnzimmercouch. Wolfgang hatte Zuflucht bei meiner Tante gefunden. Als er von da wiederkam und mein Großvater Wolfgangs geschwollenes Auge sah, begriff er, was passiert war. Er wurde richtig sauer. Energisch wies er meine Oma an, uns Kinder ins Bett zu bringen.

»Mach, dass du hier rauskommst!«, hörten wir ihn meinen Vater anschreien. »Schlaf deinen Rausch aus. Über den Rest reden wir morgen!«

Dessen Antworten konnten wir nicht hören; er sprach nicht laut genug. Und ob sie je geredet haben, weiß ich bis heute nicht.

Die Weihnachtszeit begann. Plätzchenbacken, der Einkauf der Weihnachtsgans beim Bauern oder das Schmücken des Weihnachtsbaums halfen mir, diese Erlebnisse einfach zu übertünchen. Wir Kinder haben tatsächlich gedacht, wir hätten die Schläge zu Recht bekommen. Quasi als Strafe für den Unfall an der Schaukel. War eben passiert. Tat weh. Heilte wieder. Dachten wir. Wir ahnten ja nicht, dass diese Brutalität bald zur Normalität unseres Lebens gehören sollte.

Das neue Haus: Taubenschlag und offener Kamin

Schon wenige Wochen später ging die behütete Zeit im Hause meiner Großeltern zu Ende. Der Innenausbau des neuen Familienwohnsitzes war schon so weit fortgeschritten, dass wir früher als erwartet die ersten Umzugskartons packen konnten.

Gespannt saßen wir im Auto auf dem Weg nach Brauheck. Bis auf meinen Vater, der selbst im Winter fast jedes

Wochenende auf der Baustelle verbrachte, hatten wir unser Haus schon mehrere Monate nicht mehr gesehen. Uns Kinder interessierte nur, wie groß unsere Zimmer sein würden und wer welches Zimmer bekommt. Die Straße war mittlerweile bis zum Haus geteert, und die Häuser in den Nachbarstraßen wuchsen wie Pilze aus dem Boden. Bestimmt zwanzig waren zu diesem Zeitpunkt fast so weit wie unseres und für mindestens noch mal so viele die Baugruben bereits ausgehoben.

Mit großen Augen bestaunten wir das zweistöckige Einfamilienhaus – doppelt so groß wie das Haus der Großeltern. Das sollte alles für uns sein? Wahnsinn. Und dann noch dieses große Grundstück drum herum. Das sollte unser Garten werden. Platz für Fußball, Spielen und Feiern.

Über eine aus Baubrettern errichtete provisorische Treppe führte mein Vater uns zur Haustür. Stolz schloss er sie auf und lotste uns in den Flur. Marmorplatten am Boden. Eine schicke Holztreppe, die in die zweite Etage führte, direkt darunter eine Steintreppe zum Keller. Allein der Eingangsbereich war so groß wie ein Zimmer. Links führte ein Torbogen zum Badezimmer, das Platz für eine Dusche und eine Badewanne hatte und ein Klo und ein Waschbecken.

Alles in Grün. Spülkasten, Klobrille, Badeteppiche und Klorollenhalter, ja, sogar die Klobürste leuchtete in Giftgrün.

Von der Haustür aus nach rechts ging es in den größten Raum des Hauses, das Wohn- und Esszimmer. Die sogenannte gute Stube. Sie wurde nur an Feiertagen betreten, wenn Gäste kamen. Vor dem großen Panoramafenster standen ein massives Dreisitzer-Sofa und zwei schwere Sessel. An der Wand ein riesiger Wohnzimmerschrank in Eichenfurnier. Mitten im Raum – damals voll im Trend – ein offener Kamin, der allerdings mehr der Dekoration diente als zum Beheizen des Raums. Neben dem großen Fenster führte eine Terrassentür nach draußen. Davor stand ein Tisch mit Eckbank und vier Stühlen, das Holz passend zum Schrank und die Sitzpolster im gleichen Grün wie die Sofakissen. Braun-weiße Teppichfliesen, einzeln verklebt, verdeckten den Zementestrich. Zuerst sah das todschick aus. Doch als sich der Klebstoff an den Fliesenrändern löste, entpuppte sich das Ganze als unansehnliche Stolperfalle.

Zentrum des Alltags sollte die große Küche werden. Links stand eine moderne weiße Küchenzeile für Geschirr, Gläser, Tassen und Töpfe. Rechts befand sich neben der Kühl-Gefrier-Kombination der Herd, darüber eine Dunstabzugshaube, und eine Spüle mit darüber befindlichem Medikamentenschrank – alles technisch auf dem allerneusten Stand. Am Esstisch mit vier Stühlen vor dem Küchenfenster nahmen wir die meisten Mahlzeiten ein. Den benachbarten kleinen Raum nutzten wir alltags als Wohnzimmer. Dort stand zwischen Ecksofa und eichenfurnierter Vitrine der Schwarzweißfernseher – der Farbfernseher gehörte ja dem Großvater und war deshalb im alten Haus geblieben.

Richtig spannend wurde es im Obergeschoss. Als Erstes zeigte mein Vater uns sein mit Zeichenplatte und Schreibtisch bereits vollständig eingerichtetes Büro. Daneben war ein kleiner Raum, der später mal als zweites Bad dienen sollte, aktuell noch in der Rohbauphase – aber um es vorwegzunehmen: In den sechzehn Jahren, die ich in diesem Haus wohnte, kam der Raum niemals über diese Phase hinaus.

Drei etwa gleich große Räume waren jetzt noch übrig. Uns Kindern dämmerte, dass wir uns zu früh gefreut hatten: drei Räume, drei Jungen. Und das Elternschlafzimmer?

Als uns klarwurde, dass nicht jeder von uns ein eigenes Zimmer haben würde, begann sofort der Streit. Die Entscheidung aber hatten unsere Eltern längst getroffen: Wolfgang bekam als Ältester einen Raum für sich. Auch sollte die Vorfreude auf das eigene Zimmer wohl den Trennungsschmerz von seinen Schulkameraden lindern. Oliver und ich fanden diese Entscheidung ungerecht und protestierten lautstark. Natürlich ohne Erfolg. Später arrangierten wir uns. Zwar teilten wir uns den Raum, doch hatte wenigstens jeder sein eigenes Bett.

Die fensterlose Kammer im Obergeschoss hätte eigentlich bei der Beschreibung des prachtvollen Neubaus nicht erwähnt werden müssen. Doch sollte sie – leider – vor allem für uns Kinder noch schrecklich wichtig werden.

Für das Leben unseres Vaters unverzichtbar war die Garage neben dem Wohnhaus, auf deren Dachboden er bald seinem Hobby nachgehen würde: Als gebürtiger Schlesier pflegte er neben der Begeisterung für den Fußball auch die Liebe zur Brieftaubenzucht. Schon bei dem ersten Besichtigungstermin waren die aus Sperrholzplatten zusammengezimmerten Verschläge eingebaut, in denen 25 Brieftauben ihr neues Zuhause finden sollten.

Begeistert von den vielen Neuigkeiten fuhren wir am Abend zurück zu den Großeltern. Die schienen sehr erleichtert, dass das zukünftige Zuhause auch uns Kindern sehr gut gefallen hatte. Niemand von uns ahnte, dass der fast unbeschwerte Teil unserer Kindheit damit sein Ende haben sollte.

Der erste Tag: ein Schlag ins Gesicht

Ende Mai 1975 war es so weit. Mein Bruder ging ein letztes Mal in seine alte Schule, dann wurden die letzten Koffer gepackt, und wir zogen in unser neues Zuhause in Cochem-Brauheck.

Der Abschied von den Großeltern fiel uns Kindern besonders schwer. Wir weinten. Es kam uns wie ein Abschied für immer vor. Vielleicht spürten wir, dass der Abstand zwischen den Haushalten viel größer sein würde als die zwanzig Kilometer Distanz zwischen unseren Wohnorten.

Als unser Vater im Beisein einiger Nachbarn feierlich das erste Mal die Haustür öffnete, war der Abschiedsschmerz vergessen. Während Oliver und ich so schnell wie möglich unsere Spielsachen in dem neuen Zimmer einräumten, hörten wir von draußen die Stimmen anderer Kinder:

Keine fünfzig Meter von unserem Haus entfernt entdeckten wir in einer frisch ausgehobenen Baugrube eine Gruppe von sieben oder acht spielenden Kindern. Sie waren so in ihr Spiel vertieft, dass sie uns zunächst gar nicht sahen. Wir gingen langsam in ihre Richtung, und plötzlich schauten alle Kinder auf uns: »Wer seid denn ihr?«

Wenige Sätze später waren wir Teil der Clique von Kindern, die alle erst in den letzten Wochen in die Neubausiedlung gezogen waren. Schnell hatten wir zwei Gruppen gebildet und spielten im angrenzenden Eichenwald Cowboy und Indianer. Brauheck lag plötzlich im Wilden Westen. Kurze Stöcke machten wir zu Colts, aus langen bauten wir Pfeil und Bogen, und frisches Laub wurde zu Federschmuck. Die Zeit verging wie im Flug. Erst die lauten Rufe unserer Mutter rissen Oliver und mich aus dem Spiel. Sie hatte uns überall gesucht. Sie sagte kein Wort, als sie mit uns nach Hause ging.

Im Flur stand unser Vater. Das Gesicht rot vor Wut.

»Seid ihr völlig verrückt geworden?!«, schrie er uns an. »Ohne uns Bescheid zu sagen? Einfach wegzulaufen?« Er fuchtelte mit den Armen. »Das fängt ja gut an! Noch keinen Tag hier, und schon müssen wir uns Sorgen machen? Ab ins Bett!« Er riss den Arm hoch und wies uns Richtung Kinderzimmer. »Ohne Abendessen!«

Ich fand das ungerecht, wollte erzählen, wie schnell wir neue Freunde gefunden hatten. »Ja, aber wir ...« Kaum hatte ich angefangen, klatschte mir dröhnend die große Hand meines Vaters ins Gesicht. Erschrocken und mit Tränen in den Augen packte ich meinen kleinen Bruder und flitzte wortlos mit ihm die Treppe hinauf in unser Zimmer. Meine Wange glühte. Meine Gedanken kreisten. Ganz spät am Abend dachte ich dann: Mein Vater hatte wohl recht. So musste es sein. Ich hatte die Ohrfeige wohl verdient.

Unbeschwertes Zwischenspiel

Kleinlaut kam ich am nächsten Morgen in die Küche. Unser Vater hatte für den Umzug zwei Wochen Urlaub genommen und saß schon am Frühstückstisch. Der Ärger vom Vortag schien verflogen. Auch meine Brüder waren schon auf. Meine Mutter bereitete uns die Brote zu. Die Situation war irgendwie anders: Es war nicht nur das erste gemeinsame Frühstück im neuen Haus, es war das erste gemeinsame Frühstück allein mit der Familie überhaupt. Bisher hatte unser Vater immer sehr früh das Haus verlassen, und selbst an den Wochenenden hatten wir grundsätzlich mit Opa und Oma gefrühstückt. Und jetzt? Meine Mutter hatte ihren Job als Friseurin an den Nagel gehängt, um den ganzen Tag für uns Kinder da sein zu können. Doch was wie ein schönes gemeinsames Fest hätte sein können, war eher ein bedrückendes Nebeneinander. Und die Ansage unseres Vaters, die klang weniger nach einer Bitte als mehr nach einem Befehl:

»Nicht, dass ihr gleich wieder verschwunden seid: Heute muss rund ums Haus der Rasen gesät werden! Ich geh schon mal in die Garage. Also: Wenn ihr fertig seid, kommt ihr nach, verstanden?!«

Wir drei Jungs nickten gehorsam und waren keine zehn Minuten später zur Stelle. Mein Vater wollte mit der Hacke vorweggehen und den Mutterboden begradigen. Wir sollten im Abstand von einem Meter folgen und bei jedem Schritt eine Handvoll Samen auswerfen. Bevor wir irgendetwas fragen konnten, wetterte unser Vater ungeduldig: »Jetzt aber los, ich hab nicht den ganzen Tag Zeit!«

Wir waren noch keine drei Schritte gegangen, da ging es schon los:

»Nein, nicht so kleine Schritte! – Passt doch auf mit dem Samen! – Ein bisschen mehr davon in die Ecke! – Haltet mehr Abstand! – Konzentriert euch doch mal! – Muss ich denn alles alleine machen?!«

Es dauerte keine Stunde, bis unser Vater die gemeinsame Arbeit abbrach: »Ihr seid ja wirklich für alles zu dumm! Geht mir aus meinen Augen!«

Getroffen und beleidigt verließen wir drei den Garten und verkrochen uns in unsere Zimmer. Ich setzte mich ans Fenster und schaute meinem fluchenden Vater so lange bei der Arbeit zu, bis ich die Lust dazu verlor. Irgendwann schmiss er die Hacke auf den Boden, setzte sich ins Auto und verschwand.

In diesem Moment klopfte es an unserer Zimmertür: »Jungs, ich muss noch für das Mittagessen einkaufen!« Meine Mutter schaute durch die Tür. »Könnt ihr mir bitte helfen?«

Klar. Konnten wir. Und so stapften wir an der Seite unserer Mutter hinaus aus dem Neubaugebiet, durch den neueren Teil mit den Mietshäusern über die Hauptstraße hinweg in den ältesten Bereich der Siedlung. Gleich neben der Postfiliale gab es einen Edeka-Markt – und dazwischen die erste und einzige Kneipe der Siedlung. Auf dem Parkplatz stand unser Auto. Meine Mutter schüttelte den Kopf: »Das kann doch nicht wahr sein!« Sie blickte auf ihre Uhr. »Wir haben nicht mal Mittag.« Sie nahm uns an die Hand und zerrte uns entschlossen durch die Gaststättentür.

Unser Vater tat so, als würde er uns gar nicht kennen. Seine Augen waren glasig. Vor ihm standen ein Bier und ein Schnaps. Neben ihm saßen zwei Kumpels. Alle in feucht-fröhlicher Stimmung. Meine Mutter ließ sich nicht beirren: »Werner, trink bitte aus und komm nach Hause. Wir haben noch genug zu tun.«

Ihre Stimme war klar, aber freundlich. Doch der Wirt und seine Gäste blickten meine Mutter entgeistert an. Eine Frau mit drei kleinen Kindern in der Kneipe? Eine Frau, die ihrem Mann sagt, was er zu tun oder zu lassen hat? Das war in jenen Jahren, als käme jemand vom anderen Stern. Dagegen war es vollkommen normal, dass sich ein Familienvater am helllichten Tage ein Bierchen genehmigte oder auch zwei. Diese Art von Maßregelung vor den Augen seiner Kumpels wollte sich unser Vater natürlich nicht gefallen lassen:

»Nimm die Kinder und mach, dass du verschwindest!«, befahl er. »Ich komm nach Hause, wann ich will!«

Und noch während unsere Mutter erschrocken mit uns Kindern aus der Kneipe ging, hörten wir unsern Vater lauthals verkünden:

»Das wäre doch gelacht! Ich mich von meiner Alten herumkommandieren lassen? Das wüsste ich aber! 'ne Runde Bier und Schnaps. Für alle!«

Unsere Mutter versuchte sich nichts anmerken zu lassen. Schnell erledigte sie die Einkäufe und spendierte uns an der Kasse einen »Braunen Bär«, unser Lieblingseis, Schoko mit Karamellkern. Einfach lecker.

Am Nachmittag war ich mit Michael, einem der Indianer vom Vortag, zum Spielen verabredet. Er war so alt wie ich, und wir sollten nach den Sommerferien zusammen eingeschult werden. So stand ich wenige Stunden später vergnügt vor dem Einfamilienhaus in der Nachbarstraße. Sein Vater schnitt gerade eine Rosenhecke zu und begrüßte mich sehr herzlich:

»Du musst der Markus sein. Geh ruhig hinein, die Haustür steht offen. Michael wartet schon auf dich.«

»Hallo!«, lächelte mir seine Mutter im Hausflur zu. »Du bist also der neue Freund. Michael hat uns schon von dir erzählt.«

Michael schaute aus seinem Zimmer:

»Hallo Markus, da bist du ja endlich! Los! Wir gehen in den Wald! Die anderen warten bestimmt schon.«

Ich wusste zwar nicht, was das wird. Ging aber einfach mit. In den Wald. Über einen Trampelpfad liefen wir so lange, bis kein Haus von der Siedlung mehr zu sehen war. Es war dunkel. Die Tannen standen so dicht beieinander, dass die Sonne nur an ganz wenigen Stellen durchscheinen konnte. Es war kühl und roch nach feuchtem Waldboden. Irgendwie geheimnisvoll. Plötzlich packte mich Michael am Arm:

»Pass auf. Wir gehen jetzt zu einem Geheimplatz. Du darfst das keinem sagen. Darfst niemandem den Platz verraten. »Klar!«, antwortete ich. »Ehrenwort?!«, fragte Michael eindringlich. »Ehrenwort!« – »Auch nicht deinen Brüdern! Versprochen?«, setzte er nach. Ich hob die Finger und versprach: »Indianer-Ehrenwort!« Erst jetzt führte er mich zu der Lichtung. Dort warteten bereits die Jungs und Mädels vom Vortag. Sie waren allerdings nicht wirklich begeistert, dass Michael mich mitbrachte:

»Ey, was soll das?«, schimpften sie. »Wir hatten doch verabredet, niemandem unseren Platz zu zeigen!«

Michael winkte ab: »Jetzt stellt euch nicht so an. Markus hat mir sein Ehrenwort gegeben!«

Die anderen waren skeptisch, aber ich schwor mir in diesem Moment, dichtzuhalten. Für immer!

Wir waren den ganzen Nachmittag damit beschäftigt, den Platz aufzuräumen und abzusichern. Es war so aufregend. Ein geheimer Ort. Was ganz anderes als das Spiel am Tag zuvor. Ich schaute immer mal wieder auf die Uhr. Ich hatte Angst, zu spät nach Hause zu kommen, und ging am Ende früher als die anderen gen Siedlung zurück. Mein Vater sollte keinen Grund haben, sauer auf mich zu sein.

Er war noch gar nicht zu Hause, als ich ankam. Meine Brüder saßen im kleinen Wohnzimmer vor dem Fernseher und beachteten mich nicht. Meine Mutter kümmerte sich in aller Ruhe ums Abendessen. Wir aßen ohne meinen Vater. Er war noch nicht mal wieder da, als meine Mutter uns ins Bett brachte und eine Geschichte vorlas. Ich dachte an den Nachmittag mit Michael, an den Geheimplatz und an die anderen Kinder. Eigentlich hätte ich gern davon erzählt. Aber ich hatte mein Ehrenwort gegeben. Ob mein Vater nun schon zurück war oder nicht. Mir war es egal. Nach dem Tag schlief ich gutgelaunt ein.

Noch in der Nacht

Lautes Schreien weckte mich mitten in der Nacht aus dem Tiefschlaf. Jemand trat mit festem Fuß gegen die Zimmertür, die laut aufschlug. War das ein Alptraum? Es war dunkel. Ich konnte nicht richtig sehen. Über meinem Bett baute sich ein riesiger Schatten auf. Ich zitterte vor Angst. Ich erkannte meinen Vater. Noch bevor ich schreien konnte, packte er mich an den Haaren und schleifte mich quer durchs Zimmer in den Flur. Da lag schon Wolfgang weinend auf dem Boden.

Vorsichtig hob ich den Kopf und wagte einen kurzen Blick zur Seite. In der Ecke sah ich meine Mutter mit der Schulter an die Wand gelehnt. Sie hatte ein dickes Auge und blutete aus der Nase. Mama, wollte ich sagen, Mama, was ist passiert? Da bekam ich unvermittelt einen Tritt gegen die Brust. Mir blieb die Luft weg, und ich verlor das Bewusstsein. Als ich wieder zu mir kam, lag auch Oliver neben mir.

Es stank nach Bier und Schnaps. Die Stimme unseres Vaters bellte durchs Haus: »Ihr blamiert mich nicht noch einmal!«, dröhnte es durchs ganze Haus: »Sonst schlag ich euch alle tot!« Er schlug und trat drauflos. Keinen von uns verschonte er. Plötzlich hörte ich meine Mutter. Sie flehte ihn an! »Nicht auf den Kopf! Werner! Nicht auf den Kopf! Lass die Kinder!«

Mir wurde übel. Ich musste mich übergeben. Zum Bad kam ich nicht. Also kotzte ich einfach auf den Flur. Plötzlich hielt er inne, rannte in sein Arbeitszimmer und knallte hinter sich die Tür zu. Wir blieben einfach liegen. Weinend. Wimmernd. Keiner traute sich was zu sagen. Keiner bewegte sich. Irgendwann schlich sich unsere Mutter an uns heran. Sie hielt den Zeigefinger vor ihre Lippen. Dann brachte sie uns ganz leise die Treppe hinunter ins Bad. Sie schaute immer wieder zur Tür. Wir hatten panische Angst. Vor meinem Vater. Wir wussten einfach nicht, was er tun würde. Unsere Mutter versorgte zunächst unsere Wunden, befeuchtete ein Handtuch und tupfte das Blut ab. Dann tastete sie behutsam unsere Körper ab, bewegte unsere Arme und Beine, prüfte sorgfältig, ob keine Knochen gebrochen waren. Alles tat mir weh! Alles.

So was hatten wir noch nie erlebt. Oliver war gerade mal viereinhalb, Wolfgang acht und ich sechs Jahre alt. Solche körperlichen Schmerzen hatte keiner von uns vorher schon mal gehabt. Wir konnten gar nichts dazu sagen. Ich konnte das gar nicht fassen. Meine Mutter musste doch auch Schmerzen haben. So wie sie aussah. Sie blieb aber ganz ruhig. Irgendwann brachte sie uns wieder ins Bett. Wir schlichen nur. Nur kein Geräusch machen. Meine Mutter entschied, dass wir alle vier in Olivers und meinem Zimmer schlafen werden. Es war wie in dem Haus meiner Großeltern. Eng beieinander verbrachten wir den Rest der Nacht: Wolfgang schlief mit mir in meinem und meine Mutter mit Oliver in dessen Bett. Zuvor hatten wir die Vitrine vor die Tür geschoben und den Zimmerschlüssel herumgedreht. So fühlten wir uns etwas sicherer und schliefen tatsächlich irgendwann ein.

Gescheiterte Flucht

Früher als sonst weckte uns meine Mutter an diesem Samstagmorgen. Wieder hielt sie den Finger vor die Lippen! Wir sollten uns leise anziehen. Sehr leise. Und so schlichen wir durchs Haus, um bloß nicht den Vater zu wecken. Auch wenn sein Schnarchen fast durchs ganze Haus zu hören war. Meine Mutter stopfte ein paar Sachen in einen Koffer. Sie hatte ein Taxi bestellt. Das wartete schon auf uns. Und nicht einmal 48 Stunden nach dem Einzug verließen wir überstürzt das neue Haus. Wir fuhren zu den Großeltern.

Die Begrüßung war nicht freudig, das war klar. Aber sie war leider auch nicht freundlich. Unser Großvater stand im Morgenmantel in der Tür. Meine Mutter weinte, bat ihn, uns reinzulassen, uns wieder aufzunehmen. Er ließ uns gar nicht erst rein. »Du bist verheiratet mit diesem Mann, Erika. Bis dass der Tod euch scheidet. Was hast du daran nicht verstanden?«, fragte er sie. Meine Mutter sagte nichts, blickte nach unten. Er setzte nach: »Was glaubst du denn, was hier im Dorf los ist, wenn du mit den Kindern hierbleibst? Wir könnten uns doch nirgendwo mehr blickenlassen. Nein, nein! Kommt gar nicht in Frage. Ihr fahrt sofort zurück!«

Er ging in seinem Aufzug zum Wagen, drückte dem Taxifahrer wortlos zehn Mark für die Rückfahrt in die Hand und ging zurück ins Haus. Unsere »Flucht« war gescheitert. Während der gesamten Fahrt sagte keiner auch nur ein Wort. Ich wollte nie mehr zu meinen Großeltern. Nie mehr!

Doch größer als die Wut auf Opa war meine Angst vor der nächsten Begegnung mit unserem Vater: Wie würde er reagieren, wenn er merkte, dass wir versucht hatten, abzuhauen? Soll das jetzt immer so sein? Ich glaube, alle dachten an so was. Meine Mutter sah müde aus und traurig. Ich glaube, sie wusste auch keine Antwort. Sie schwieg. Als wir ins neue Haus zurückkehrten, war es ruhig im Haus. Wir schauten uns an. Da hörten wir ihn schnarchen. Laut. Unser Vater schlief noch. Mir fiel ein Stein vom Herzen. Er hatte also nicht mitbekommen, dass wir versucht hatten, uns davonzumachen. Leise räumte unsere Mutter das Haus auf, beseitigte die Spuren der vergangenen Nacht, reinigte den Flurboden vom Erbrochenen und kochte uns dann wie gewohnt das Mittagessen.

Mein Vater benötigte den ganzen Tag, um sich von seinem Vollrausch zu erholen. Zweimal hörten wir ihn zur Toilette gehen. Vielleicht wollte er nicht auffallen. Vielleicht schämte er sich auch. Auf jeden Fall bekamen wir ihn den ganzen Tag nicht zu Gesicht. Gesprochen wurde darüber nie.

Die nächsten Tage seines Urlaubs vergingen schnell und langsam zugleich. Wenn wir uns begegneten, schaute er immer weg. Auch ich guckte auf den Boden, wenn ich ihm über den Weg lief. Er nahm weder an den gemeinsamen Mahlzeiten noch am abendlichen Fernsehen teil und ging abends früh in sein Zimmer. Tagsüber arbeitete er allein im Garten. Uns fragte er nie wieder nach Hilfe. Meine Mutter schlief weiterhin bei Oliver im Bett und zog erst nach einigen Wochen wieder zurück ins eheliche Schlafzimmer.

Die Stimmung war schon beklemmend. Ich fand es unerträglich. Aber nach außen durfte keiner was merken. Gegenüber den Nachbarn verhielten wir uns alle so, als wäre nie etwas passiert. Auch wir Kinder erzählten niemandem etwas. Ich auch nicht. Das musste man uns nicht mal verbieten. Sonntags im Gottesdienst saß eben eine heile Familie in der Kirchenbank. Daran ließen wir alle keinen Zweifel.

Der Ball ist überall rund

In den Sommerferien waren Michael und ich schon richtig gute Freunde geworden. Wir hatten uns fast jeden Tag gesehen und unseren geheimen Platz zu einer Art Festung ausgebaut. Die Umzäunung war mittlerweile gut einen Meter hoch und die Lichtung nur durch ein Tor zu erreichen. Wie bei einer Burg konnte dieses mit Hilfe eines Seils hochgezogen und auch wieder heruntergelassen werden. Zu Beginn jeder neuen Woche wurde eine neue Geheimparole ausgegeben, und nur wer diese kannte, hatte freien Zutritt. Michael war für die letzte Woche der Sommerferien zu seinen Großeltern gefahren. Ohne ihn hatte ich aber keine Lust auf den Geheimplatz.

Diese Woche wollte ich mal nutzen, um auch noch den Rest der Siedlung zu erkunden. Direkt nach dem Frühstück machte ich mich auf den Weg. Die Sonne schien, am Himmel war keine Wolke zu sehen. Erst mal ging ich in den Edeka-Markt und investierte mein Taschengeld in Süßigkeiten. Ich wusste ja nicht, wen ich so traf, und dachte, es sei von Vorteil, was Süßes in der Tasche zu haben. Ich saß gerade auf der Bank neben dem Marktplatz, kaute genüsslich ein Kaubonbon, als ich ein schepperndes Geräusch auf mich zukommen hörte. Ein kleiner Junge fuhr auf einem für ihn viel zu großen Fahrrad, und das noch auf den blanken Felgen. Er konnte kaum das Gleichgewicht halten und fuhr erst einmal an mir vorbei. Nachdem er zwei Runden um den Block gedreht hatte, fiel sein Blick auf mich und die Bonbons in meiner Hand. Zum Anhalten sprang er zur Seite ab und kam nach wenigen Metern in einem Gebüsch zum Stehen. Wie selbstverständlich befreite er das Rad daraus und schob es langsam auf mich zu.

»Hi, kann ich mich setzen?«, fragte er.

»Aber sicher doch. Cooles Fahrrad hast du da«, antwortete ich.

»Ja, gehört einem meiner Brüder. Möchtest du es mal ausprobieren? Ist aber nicht so einfach!«

Ich lehnte dankend ab, bot ihm aber ein Bonbon an. Er schlang es runter und bat um mehr. »Wir spielen jetzt Fußball. Hast du Lust mitzuspielen?«

Klar wollte ich. Mein erstes Fußballspiel in der neuen Siedlung. Auf einer Wiese zwischen den Häusern warteten bestimmt fünfzehn Jungs. Das Feld war schon abgesteckt und die Mannschaften zügig gewählt, mit einer Münze die Seite gewählt und sofort losgespielt. Hier war es egal, was für Klamotten wir am Leib hatten, ob wir nach Geld aussahen oder nicht. Hier zählte nur, wer wie spielen kann. Ungestört von Erwachsenen kickten wir bis zum Abend. Zu Hause musste ich das natürlich Wolfgang erzählen – und von da ab verbrachten wir beide die letzten Ferientage zusammen auf der Fußballwiese. Bis auf den letzten Ferientag.

Meine Mutter hatte sich in den Kopf gesetzt, mich für die Einschulung einzukleiden. Da half kein Protest. Und ich ließ, schlechtgelaunt und neidisch auf Wolfgang, das Procedere über mich ergehen. Am Ende des Tages sah ich mich in einem gelben Rollkragenpullover, in Jeansschlaghose mit Indianermuster, einer Jeansjacke, mit gelbem Schulranzen aus Kunstleder und mit einer mit Sandmännchen beklebten Schultüte.

Der erste Schultag

Am Morgen des ersten Schultags herrschte Hektik im Hause Breitscheidel. Während ich fein zurechtgemacht, die mit

Süßigkeiten gefüllte Schultüte schon im Arm, ungeduldig im Hausflur stand, hantierte meine Mutter noch an ihrer Hochfrisur herum. Mein Vater hielt es wohl nicht für nötig, an einem solchen Tag dabei zu sein. Da meine Mutter keinen Führerschein hatte, machten wir uns zu Fuß auf. Wir mussten etwa einen Kilometer in den Nachbarort Dohr laufen. Mit jedem Schritt in Richtung Schulgebäude war ich aufgeregter. Erst als ich vorm Eingang Michael und seine Eltern entdeckte, ließ das etwas nach. Sicher neunzig Kinder mit ihren Eltern hatten sich eingefunden. Der Rektor versuchte erst mal Ruhe in die Menschenmenge zu bringen. Sein Ton war laut und bestimmt. Mir machte es sogar Angst, als er mit scharfer Stimme die Kinder in drei Gruppen aufteilte.

Michael und ich hatten das Glück, gemeinsam in eine Klasse zu gehen. Immer noch nervös standen wir vor der Klasse. Für die nächsten vier Jahre sollte ausgerechnet der strenge Rektor unser Klassenlehrer sein. Er öffnete die Tür, teilte uns in alphabetischer Reihenfolge die Sitzplätze zu und gab uns dann als Hausaufgabe, für den nächsten Tag ein Namensschild anzufertigen. Dann durften wir schon wieder gehen.

Als ich meine Mutter samt meiner Schultüte wiedergefunden hatte, wurde ich ruhiger. Michaels Vater nahm uns in seinem Auto mit nach Hause. Mein Vater hatte für diesen Tag zwar freibekommen, verbrachte ihn aber lieber mit seinen neuen »Freunden« in der Stammkneipe. Ich gebe zu, als er zum Abendessen immer noch nicht zu Hause war, wurde ich nervös. Und die anderen waren auch nicht gerade fröhlich. Unsere Mutter brachte uns ins Bett, las uns noch eine Gutenachtgeschichte vor, küsste uns zur Nacht und löschte das Licht, bevor sie den Raum verließ.

»Markus?«, fragte Oliver. Kurze Pause. »Ja?«, fragte ich zurück. »Können wir das Licht anlassen? Ich hab Angst im Dunkeln.«

Gute Idee, dachte ich. Und stand auf, um das Licht wieder anzumachen. Angst hatten wir anscheinend beide. Ich tat ihm gegenüber einfach so, als hätte ich alles unter Kontrolle. »Ich schließe einfach das Zimmer ab. Okay? Dann sind wir sicher.«

Wir schliefen bei Licht ein. Bei dem kleinsten Geräusch jedoch schreckte ich auf. Mitten in der Nacht polterte es auf der Treppe. Ich hörte Schritte, hörte die Schlafzimmertür zuklappen. Und dann wieder Ruhe. Zunächst. Ich war gerade wieder eingenickt, da hörte ich meine Mutter auf dem Flur schreien. »Nein, nicht wieder die Kinder. Lass die Kinder in Ruhe!« Jemand ruckelte an unserer Zimmertür. Drückte die Türklinke. Rauf und runter. Ganz schnell. Oliver wurde auch wach. Er weinte. Es konnte nur mein Vater sein. Ich saß wie versteinert auf dem Bett. Was hat er vor? Er ließ die Tür los. Kurze Stille. Dann hörten wir, wie er unsere Mutter schlug. Dann wieder Stille. Schlafen konnte ich in dem Moment nicht mehr. Dachte ich. Hilflos fühlte ich mich. Mir saß die Angst in den Knochen. Wusste nicht, was ich machen sollte. Oliver schlief wieder ein. Ich muss auch wieder eingeschlafen sein. Meine Mutter weckte uns am nächsten Morgen. Ich war hundemüde. Aber ehrlich gesagt froh, dass ich zur Schule konnte. Weg aus dem Haus. Weg von meinem Vater. Erst beim Frühstück sah ich, wie er meine Mutter zugerichtet hatte. Ihr Gesicht war so angeschwollen, dass sie auf einem Auge nichts sehen konnte. Was ich von Armen und Beinen sehen konnte, war voller blauer Flecken. Sie verlor kein Wort darüber.

Ich verließ zwar das Haus, musste aber ständig an sie und Oliver denken. Bis ich auf halber Strecke zur Schule Michael traf. Der Rest des Weges gemeinsam mit ihm lenkte mich ab.

In unserer katholischen Schule war es üblich, vor dem Unterricht zu beten. An diesem Morgen war ich so verzweifelt, dass ich das erste Mal Gott um Hilfe bat. Er sollte bitte auf Oliver und meine Mutter aufpassen. Wieso ich nicht auch um Hilfe für mich bat, weiß ich bis heute nicht.

An diesem Morgen stellten wir uns reihum einander vor. Ohne große Kommentare lauschten wir. Und auch Herr Fischer, unser Klassenlehrer. Bis Melanie fertig war. Als sie sich hinsetzen wollte, hakte Herr Fischer ein.

»Ich sehe gerade in meinen Unterlagen, dass du ja überhaupt nicht getauft bist.« – »Ja, und?«, fragte Melanie. »Du hast also überhaupt keinen Namen. Setz dich sofort in die hinterste Reihe.«

Wir saßen erschrocken da, schauten uns an. Melanie wurde rot. Sie blieb an ihrem Platz stehen und konterte: »Natürlich habe ich einen Namen! Ich heiße Melanie!« Herr Fischer blieb dabei. Für ihn hatte sie keinen.

»Du bist nicht getauft, also hast du auch keinen Namen! Jetzt sofort nach hinten – aber dalli!«

Ups, damit hatte ich nicht gerechnet. Was kann sie denn dafür? Dachte ich bei mir. Das sollte für Melanie aber noch nicht alles gewesen sein. Einige Schüler hatten nichts Besseres zu tun, als sie in den Pausen aufzuziehen. »Du hast keinen Namen! Du hast keinen Namen!«, sangen sie gehässig. Immer wieder. Sie hatte kaum eine Chance. Mit dem Gefühl kannte ich mich aus. Vielleicht konnte ich deshalb auch so schlecht ertragen, wie sie behandelt wurde.

Zu dieser Zeit spielten wir in fast allen Pausen Völkerball. Melanie war noch nie in eine Mannschaft gewählt worden. Als ich das erste Mal eine Mannschaft zusammenstellen konnte, nutzte ich die Gunst der Stunde und holte sie in meine Gruppe. Sie spielte super. Plötzlich war sie in der Klasse akzeptiert – und zwar als Mädchen Melanie. Verstehe das, wer will.

Die Zeit bis zu den Herbstferien verging schnell. Schule war zwar gut, aber die freie Zeit war besser. Die Ferien verbrachten Wolfgang und ich bei den Großeltern an der Mosel. Hier halfen wir, die reifen Trauben zu ernten. Den ersten

Versuch, mit meinen Großeltern über die Exzesse meines Vaters zu sprechen, wiegelten sie sofort ab. Das sei kein Thema, was in ihrem Hause besprochen würde, bestimmte mein Opa. Wolfgang wollte nicht riskieren, diesen für ihn sicheren Ort zu verlieren. Also schwieg er. Ich war hin und her gerissen. Ich brauchte hier zum Schlafen kein Licht, die Tür konnte offen bleiben. Ich, ja, wir hatten hier nichts zu befürchten. Trotzdem war ich immer noch enttäuscht von meinen Großeltern. Konnte einfach nicht vergessen, dass sie meine Mutter und uns Kinder wieder nach Hause geschickt hatten. Am Ende der zwei Wochen war ich mal wieder fest entschlossen, nie wieder bei ihnen meine Ferien zu verbringen.

Die ersten Schultage zogen so an mir vorbei. Ich hatte mich gerade in unserem neuen Haus wieder eingelebt, da ging es wieder los. Mein Vater kam nach der Arbeit nicht nach Hause. Meine Mutter brachte uns wie üblich ins Bett. Sie war fahrig, und auch uns war es nicht geheuer. Wir ließen das Licht an. Und die Tür habe ich auch verschlossen. Mitten in der Nacht krachte es laut. Draußen.

Als ich zum Fenster ging, sah ich, dass mein Vater das Auto mit Wucht vor den Pfeiler in der Garagenauffahrt gesetzt hatte. Er versuchte sich aus der eingeklemmten Fahrertür zu befreien. Um die Haustür aufzuschließen, brauchte er auch einige Zeit. Wohl wieder betrunken. Richtig voll war er. Ich hörte nur, wie er lang auf den Marmorboden fiel. Ich saß zitternd im Bett und konnte nicht wieder einschlafen. Nach etwa einer Stunde hörte ich die Badezimmertür. Die Tür knallte so laut zu, dass Oliver wach wurde. Er fing an zu weinen. Ich verkroch mich panisch unter der Bettdecke und begann zu beten. Was anderes fiel mir nicht ein. Dann hörte ich, wie mein Vater die Treppe herauftorkelte. An unserer Tür vorbei. Ins Schlafzimmer. Ich schlotterte. Mit Schrecken stellte ich fest, dass ich mir vor Angst in die Hose gemacht hatte. Ich traute mich nicht, einen Ton von mir zu geben.

So blieb ich regungslos unter der Decke auf der nassen Matratze. Hier fühlte ich mich am sichersten. Dann polterte es wieder. Die Türklinke bewegte sich. Mehrmals, vergeblich. »Macht sofort das Zimmer auf!«, hörte ich ihn schreien, während er versuchte, die Tür zu öffnen. »So weit kommt es noch! Ich! In meinem eigenen Haus! Vor verschlossener Tür!«

Selbst wenn wir gewollt hätten, wir hätten nicht reagieren können. Wie versteinert saßen wir in unseren Betten. Mein Vater brüllte weiter, schlug gegen die Tür. Wir machten nichts. Dann wurde es für einige Sekunden totenstill, bis er mit voller Kraft gegen die Tür knallte. Der Türrahmen riss. Angespornt durch den ersten Erfolg, nahm er noch zweimal richtig Anlauf, und dann knallte die Tür mit Rahmen auf den Boden unseres Zimmers. Er stürmte in das Zimmer, zerrte Oliver aus dem Bett in die Mitte des Raums.

Völlig regungslos schaute ich zu, wie er Oliver mit den Fäusten schlug und ihn trat. Plötzlich wandte er sich mir zu, riss mich aus dem Bett und ließ mich neben Oliver auf den Boden fallen. In diesem Moment tauchte meine Mutter auf. Mit letzten Kräften aus ihrem Zimmer in den Flur und schrie verzweifelt:

»Nicht auf den Kopf. Werner. Nicht auf den Kopf! Lass die Kinder!«

Er stank nach Alkohol. Mein Vater drosch auf uns ein, bis ihm die Kräfte ausgingen. Erst als meine Mutter sich schluchzend über uns warf, ließ er endlich ab und verschwand. Wohin, weiß ich nicht. Meine Mutter versorgte unsere Wunden. Gemeinsam hoben wir das Türblatt mit Rahmen auf und wuchteten es notdürftig wieder dahin, wo es hingehörte. Dabei versuchten wir so leise wie möglich zu sein, um bloß meinen Vater nicht wieder zu reizen. Die restliche Nacht verbrachten wir gemeinsam in Wolfgangs Zimmer. Der hatte diesmal nichts abbekommen. Meine Mutter holte Olivers Matratze in das Zimmer. Meine war ja nass. Ich schämte mich. Meine Mutter gab mir eine trockene Schlafanzughose. Sie teilte sich das Bett mit Wolfgang. Oliver und ich lagen gemeinsam auf seiner Matratze. Wir schliefen tatsächlich noch drei Stunden. Erholsam war der Schlaf aber nicht.

Ich wundere mich noch heute. Wenn er auf mich eingeschlagen oder getreten hat, habe ich selten in dem Moment Schmerzen empfunden. Immer erst, wenn er weg war und es still wurde. Dann wurde das Ausmaß der Verletzungen erst sichtbar. Und spürbar. Unsere Körper waren übersät mit blauen Flecken, Platzwunden und Schwellungen. Am meisten schmerzte mich diese unsägliche Ohnmacht, Hilflosigkeit, das Ihm-ausgeliefert-Sein. Während gebrochene Rippen und Platzwunden verheilten, blieb der seelische Schmerz. Er brannte sich ein. Gefühlt für immer.

Strafestehen, Schlager-Glück und ein Moment Geborgenheit

Völlig gerädert verließ ich am nächsten Morgen das Haus gen Schule. Sehr gerne ging ich da an diesem Morgen hin. Nicht unbedingt, weil ich was lernen wollte, vielmehr war ich dort sicher vor meinem gewalttätigen Vater und seiner Willkür.

Herr Fischer konnte davon nichts wissen. Sollte er auch nicht, so sehr schämte ich mich. Peinlicherweise schlief ich aber, gut sichtbar für ihn in der ersten Reihe, meinen Kopf in die Hand gestützt, ein. Wach wurde ich erst, als mein Kopf auf die Tischplatte rutschte, die Klasse lauthals lachte und Herr Fischer mich schon an meinem rechten Ohr zur Tafel zog. »Das glaube ich nicht!«, schrie er mit rotem Gesicht. Sofort war Ruhe. Keiner wagte mehr zu lachen. »Schläft der hier im Unterricht ein!« Er schüttelte den Kopf. »Eine bodenlose Frechheit! Dann wollen wir doch mal sehen, was du in der Stunde so gelernt hast«, herrschte er mich an und drückte mir dabei ein Stück Kreide in die Hand. Er quälte mich mit Fragen, die ich ums Verrecken nicht beantworten konnte. Je weniger ich wusste, umso wütender wurde er.

»Siehst du, das hast du davon. Einfach im Unterricht einzuschlafen! Das ist mir in meiner ganzen Laufbahn noch nicht untergekommen. Ab in die Ecke!« Er zeigte auf die hintere Ecke des Klassenraums. Und da bleibst du erst einmal!«

Normalerweise stand ein unartiger Schüler oder ein Störenfried mal für die Dauer einer Unterrichtsstunde in der Ecke. Durch das Einschlafen hatte ich mir aber den ganzen Morgen dort eingehandelt. Obendrauf noch einen Klassenbucheintrag und eine Notiz an meine Eltern. Was wäre passiert, wenn ich ihm von den Prügeln der letzten Nacht erzählt hätte? Den Gedanken verwarf ich ganz schnell wieder. Doppelt bestraft für nichts. Ungerecht.

Als ich zum Mittagessen wieder nach Hause kam, war mein Vater Gott sei Dank bei der Arbeit. Ein Schreiner aus dem Nachbarort flickte gerade die beschädigte Tür. Meine Mutter saß auffällig gut gelaunt in der Küche und hörte laut Volksmusik. Sie hatte sich ein Radio gekauft. Seit diesem Tag gab es in unserer Küche von morgens bis abends das komplette Programm »heile Welt«, besungen von Roy Black über Heino bis zu Roland Kaiser. Noch heute kann ich die Texte mitsingen. Nicht, dass ich sie mochte; eigentlich habe ich sie gehasst. Aber: Wie ich heute weiß, war die Musik nicht der einzige Grund für ihre gute Laune. Sie hatte, nachdem sie wiederholt beim Arzt war, an jenem Tag ein starkes Beruhigungsmittel bekommen. Dies sollte ihr über die harte Zeit hinweghelfen. Und es war der erste Schritt ihrer Flucht in die Tablettenabhängigkeit.

Ich ließ sie in ihrem Schlager-Glück alleine und machte

mich auf zu Michael. Wir gingen in den Wald, um da mit Freunden zu spielen. Erst als die Sonne unterging, machten wir uns auf den Heimweg. Eins wusste ich bereits: Nach einer Prügelnacht kam mein Vater meist direkt nach der Arbeit nach Hause, und – dem Kater und schlechten Gewissen sei Dank – zumindest die darauffolgende Nacht konnten wir unversehrt schlafen.

Bis zum Abendessen war noch Zeit. Michael lud mich ein, seine neueste Lok zu besichtigen. Ein echter Fan der Modelleisenbahn, der Michael. Zusätzlich zu der Bahn, die er mit seinem Vater im Keller aufgebaut hatte, stand noch eine Sammlung von Güterzügen und Lokomotiven in einer Glasvitrine in seinem Kinderzimmer. Wir schnappten uns die neue Lok und waren auf dem Weg in den Keller. Michaels Vater war dann doch neugierig.

»Hallo Jungs, was habt ihr denn vor?«, fragte er uns. »Wir testen die neue Lok«, klärten wir ihn im Vorbeigehen auf. »Darf ich mit?«, fragte er lachend. Und schon wenige Minuten später lief die Lok auf der originalgetreu nachgebauten Strecke von Trier nach Koblenz.

Als ich die Güterwagen an die Lok hängte, bemerkte ich, dass Michaels Vater mich beobachtete. Ich zerrte ein wenig an den Ärmeln meines Pullovers. Hatte Angst, dass er meine blauen Flecken sehen könnte. Hoffentlich sagt er nichts, flehte ich innerlich. Als Michael seiner Mutter ein paar Kartoffeln in die Küche bringen sollte, fragte er dann doch. Mist.

»Sag mal, wo kommen denn die ganzen blauen Flecken her?« Ich war schon überrascht, dass er so direkt fragte. Ich stotterte: »Ich bin beim Spielen im Wald hingefallen.«

Er war zwar immer nett und freundlich zu mir, aber ich wollte ihm einfach nichts sagen. Wie ich auch keinem Erwachsenen etwas sagen wollte. Hatte mir doch die Reaktion meiner Großeltern gereicht. Allerdings blieb Michaels Vater nicht verborgen, dass ich ein schlechter Lügner war.

»Die am Hals sehen doch wie Fingerabdrücke aus, als hätte dich jemand fest angepackt. Das kann doch nicht von einem Sturz sein!«, hakte er noch mal nach. Das leise »Doch!« hab ich schon mit einem Kloß im Hals von mir gegeben. Und als mir die ersten Tränen liefen, nahm er mich in den Arm, ließ mir meine Unsicherheit und drückte mich herzlich. Das tat so gut. Ich fühlte mich sicher und geborgen und konnte plötzlich nicht mehr anders. Ich begann zu weinen und zu erzählen. »Die blauen Flecken stammen von meinem Vater.«

Kaum überrascht erwiderte er: »Der schlägt euch also!?«

»Ja! Ab und zu. Aber nur wenn er betrunken ist«, ruderte ich zurück.

»Das tut mir sehr leid. Wie kann ich dir helfen?«, fragte er und nahm mich dabei noch mal fester in seinen Arm.

»Ich weiß es nicht! Wirklich nicht. Aber bitte! Sagen Sie niemandem was. Auch nicht Michael«, flehte ich ihn an.

Michael kam die Treppe wieder herunter. Flugs wischte ich mir die Tränen aus dem Gesicht, befreite mich aus den Armen von Michaels Vater, und wir taten beide so, als wäre nichts gewesen. Wir spielten einfach weiter mit der Eisenbahn.

Als ich an diesem Abend zu Hause in meinem Bett lag und darüber nachdachte, fühlte ich mich irgendwie erleichtert. Dieser kurze Moment mit Michaels Vater hatte mir gutgetan. Die Gedanken kreisten. Doch so gut das auch war, mich beschlich Angst. Angst davor, dass er meinen Eltern etwas sagen könnte. In der stillen Hoffnung, dass er das schon nicht tun wird, schlief ich ein. Bei Licht, versteht sich.

Turnverein und Fußballtraining

Nach so einer dramatischen Nacht verhielt sich mein Vater immer seltsam. Er sprach uns nicht an, aß nicht mit uns am Tisch, er verschwand sofort nach der Arbeit in seinem Taubenschlag. So lange, bis wir Kinder im Bett waren. Klar konnten wir uns nicht komplett aus dem Weg gehen. Wenn wir uns zufällig auf dem Weg zum Bad oder in die Küche begegneten, senkte er den Blick und verlor kein einziges Wort. Meine Mutter tat meist so, als wäre nichts gewesen. Sie wollte uns wohl ein normales Familienleben bieten.

Einmal im Monat fuhr die ganze Familie mit dem Auto zum Großeinkauf. In dem großen Einkaufszentrum in der Nähe verbrachten wir fast den ganzen Tag. Erst wurden Lebensmittel und andere notwendige Dinge für den Alltag zusammengetragen. Und am Ende gab es für uns Kinder jedes Mal ein kleines Geschenk. Auf dem Rückweg besuchten wir noch kurz die Eltern meiner Mutter, und dann ging es ab nach Hause.

Der Kofferraum war vollgestopft mit Lebensmitteln. Das reichte für die nächsten Wochen, um alle satt zu kriegen. Dazu packte unsere Großmutter noch eingemachtes Obst und Gemüse. Mehr hätte in das Auto nicht mehr reingepasst. Zu Hause angekommen, halfen wir Kinder meiner Mutter, den Einkauf für den täglichen Bedarf zu portionieren. Wurst und Fleisch wurden in Beutel verpackt und auf zwei Gefriertruhen im Keller verteilt. Neben denen standen zwei Regale. In dem einen lagerten raumhoch die frischen Lebensmittel und in dem zweiten massenhaft Einmachgläser. Meiner Mutter schien es erst gutzugehen, wenn die Speisekammer randvoll war.

Bei uns war es so wie bei den meisten Familien in der

Zeit: Der Mann verdiente das Geld, von dem Haus und Essen und Kleidung für alle bezahlt wurden. Die Frau hatte die Verantwortung für den Haushalt und die Erziehung der Kinder. Ohne jedoch über Geld entscheiden zu können oder gar selbst welches zu haben. Dass mein Vater genug Geld verdiente, reichte meinen Großeltern als Argument, wenn meine Mutter mal leise wagte, sich über ihn zu beschweren. »Aber ihr seid doch bestens versorgt!«, durfte sie sich auch an dem Tag wieder anhören.

Die wirtschaftliche Abhängigkeit von ihm, die Enge der Gemeinde, die katholische Erziehung, das konservative Nachkriegsfamilienbild, wir Kinder. Das alles war es, was sie hielt. Das alles ließ sie auch immer wieder in das eheliche Schlafzimmer zurückgehen. Ich fand das kaum auszuhalten und nutzte jede Gelegenheit, das Haus zu verlassen und mich außerhalb zu beschäftigen. Organisierte Angebote gab es nur von Sportvereinen und den Kirchen.

Ich drängelte darauf, dass meine Eltern mich im Turnverein anmeldeten. Freitagabends trafen sich die Sportler zum gemeinsamen Training in der nahegelegenen Halle auf dem Bundeswehrgelände. Ich fand es beängstigend, an bewaffneten Soldaten vorbeizumüssen und erst nach genauer Sporttaschenkontrolle aufs Kasernengelände gehen zu können. Michael musste ich nicht lange überreden. Er kam auch mit dorthin. Zum Glück. Der Übungsleiter, Herr Stark, war der Vater von unseren Freunden Jörg und Udo und lebte in der gleichen Straße wie Michael.

»Hallo Jungs, freut mich, euch zu sehen!«, begrüßte er uns. »Kommt nur gleich mit rein. Ich zeig euch erst mal alles.«

Wir folgten ihm in die Umkleidekabine, zogen dort unsere Turnschuhe an und trafen dann in der Halle Udo und Jörg. Die zwei durften schon die Matten aufbauen. Es roch komisch in der Halle. Wir waren fünf Kinder aus Brauheck und vier aus Dohr. Mir machte es enorm Spaß, zu tollen und zu rollen, so dass alles außerhalb der Halle für diese eineinhalb Stunden verschwunden war. Neunzig Minuten vergingen wie im Flug, und wir verließen die Kaserne glücklich und zufrieden. Mir reichte das aber nicht. Ich wollte mehr. Ich wollte Fußball.

Als ich erfuhr, dass die Spielvereinigung Cochem ihren Jugendfußballbereich um eine F-Jugend erweiterte und sie Jungs im Alter von sechs bis acht Jahren suchte, war ich Feuer und Flamme. Sie boten an: einmal wöchentliches Training, bei dem die Grundtechniken gelernt und geübt werden sollten. Da mein Vater bis vor zwei Jahren selbst noch aktiv im Verein Fußball gespielt hatte und auch meine Mutter als bekennende Bayern-München-Anhängerin keine Sportschau verpasste, war es eine Leichtigkeit, die Unterschrift für die Anmeldung zu bekommen. Einzige Bedingung: Ich sollte mich selbst darum kümmern, zum Trainingsgelände zu kommen. Meine Mutter besorgte mir eine Monatskarte für den Bus, und ich konnte los zum Training. Von der Bushaltestelle in Cochem musste ich den letzten Kilometer laufen. Aber das machte mir nichts.

Sechs Kinder hatten sich zum ersten Training zusammengefunden. Der Platz sah etwas anders aus als der im Fernsehen oder gar der Rasen, auf dem wir bis dahin immer bolzten: Das Spielfeld war ein Schotterplatz. Rote, kleine, spitze Steine. Beim Hinfallen kein Vergnügen. Aber egal. Jetzt war ich hier. Der Übungsleiter war geduldig. Das fand ich schon mal gut. Er war Sportlehrer an der Hauptschule von Cochem. Nachdem er mit jedem Kind einzeln das Passspiel geübt hatte, beendete er nach zwei Stunden das Training mit einem Spiel auf zwei kleine Tore.

Omas Fotoalben und ein Blechschaden

An diesem Tag wartete tatsächlich mein Vater vor dem Stadion auf mich. Seine Mutter hatte Geburtstag. Dreiundsiebzig Jahre wurde sie. Zwar sollte die Familienfeier erst am Wochenende steigen, wir wollten sie jedoch heute schon überraschen und ihr persönlich gratulieren. Oma Gertrud lebte in Cochem-Sehl, in dem Haus, das mein Großvater für seine Familie nach dem Krieg und der Flucht gebaut hatte. Ihre Witwenrente war so knapp, dass sie das Haus an ihre jüngste Tochter Maria und deren Mann verkaufte, nicht ohne für sich ein lebenslanges Wohnrecht zu behalten. Sie bezog die kleine Wohnung im ausgebauten Dachgeschoss. Unter ihr waren die Zimmer unserer Cousins Winfried und Uwe und das Elternschlafzimmer. Und im Erdgeschoss gab es Bad, Küche und ein geräumiges Wohn-Esszimmer.

Die Oma hatte ich selten gesehen. Viel seltener als die anderen Großeltern. Zur Feier des Tages hatte Tante Maria einen Käsekuchen gebacken und lud uns in ihre Küche ein. Ich bekam einen Kakao. Mein Vater verschwand derweil im Wohnzimmer. Während ich in der Küche meinen Käsekuchen aß, hörte ich ihn nebenan Bierflaschen öffnen. Dreimal hörte ich das Plop-Geräusch. Innerlich zog ich schon mal den Kopf ein. Meine Großmutter war schon wieder auf dem Weg in ihre Wohnung, und ich folgte ihr einfach. Fühlte sich besser an, als unten sitzen zu bleiben. Oma ging gebückt. In ihren Händen hatte sie Gicht, konnte deshalb kaum das Geländer umfassen. Erst jetzt fiel mir auf, dass ich bei meinen vorherigen Besuchen nie über die zweite Etage des Hauses hinausgekommen war. Oma war meistens da, wo sich das Familienleben abspielte. Also unten. Die Etagentür zu ihrer Wohnung konnte sie nur schwerlich öffnen. Im Eingangsbereich gab es links eine Schiebetür zum Badezimmer. Neugierig schaute ich rein. Immerhin, eine Badewanne. Waschbecken und Spiegelschrank und Toilette hatten bequem Platz.

Über dem Bett in ihrem Schlafzimmer hing ein Bild von meinem Großvater, daneben vier kleinere Bilder von ihren verstorbenen Kindern. Aus ihrem Kleiderschrank roch es komisch. Nach Mottenkugeln, weiß ich heute. Durch eine kleine Küche gelangte man ins Wohnzimmer. Ein alter Schaukelstuhl, ein Sofa und eine Vitrine genügten ihr als Ausstattung. Während Oma in ihrem Schaukelstuhl Platz nahm, setzte ich mich auf das Sofa. Mein Blick fiel auf ein Schwarzweißfoto. »Wer ist denn der Mann auf dem Bild?«

»Ach Junge!«, sagte sie, als wäre sie traurig. Ich wusste natürlich nicht, warum. Sie stand auf, holte aus ihrer Vitrine ein altes Fotoalbum und setzte sich zu mir aufs Sofa.

»Komm, Junge, ich zeig dir mal was!«, flüsterte sie. Gemeinsam versanken wir im Polster des Sofas. Weil das zu unbequem war, setzte sie sich auf die Lehne und schlug die erste Seite des Albums auf. »Schau mal, das ist Breslau. Da bin ich geboren. Und das ist die alte Heimat der Familie deines Vaters. Guck mal, in dem Krankenhaus ist er geboren.«

Das fand ich spannend. Sie blätterte weiter und erzählte mir lauter Geschichten von der Familie, über die mein Vater nie erzählte. Zumindest nicht mir. Sie zeigte Bilder vom alten Bauernhof, dem ehemaligen Familiensitz in Schlesien. Es gab auch Aufnahmen, auf denen mein Vater als Kind zu sehen war, immer lachend und glücklich. Und Bilder von den Onkeln und Tanten, die den Krieg und die Flucht nicht überlebt hatten. Sie müssen ganz schön reich gewesen sein, da in Schlesien. Es war sicherlich schwer, all das zu verlieren. Aber ihre Kinder zu verlieren setzte ihr, glaube ich, noch immer richtig zu. Und dann war da wieder ein Foto von dem Mann, der auch auf dem Schwarzweißfoto auf der Vitrine zu sehen war.

»Oma, da ist der Mann ja wieder. Wer ist denn das?«

»Das ist dein Onkel Paul«, erklärte sie mir.

»Und wo ist der jetzt?«, fragte ich neugierig.

»Der? Der ist in Russland«, erwiderte sie.

Ich wollte mehr wissen. »Was macht der denn in Russland?«

»Dein Onkel ist nach dem Krieg da in Gefangenschaft geraten und bis heute nicht zurück. Aber der kommt bestimmt«, erklärte sie mir. Das klang irgendwie überzeugend. Sie klappte das Album zu und legte es neben zwei weitere Alben zurück in die Vitrine.

Draußen wurde es schon dunkel, und wir sollten langsam mal nach Hause. Da wartete schließlich meine Mutter mit dem Abendessen. Und ich musste früh raus und in die Schule. Ich verabschiedete mich, versprach, sie wieder zu besuchen, und machte mich auf den Weg nach unten. Jetzt aber schnell die Treppe runter, dachte ich. Nicht, dass mein Vater noch sauer wird.

Der hockte, abgefüllt mit Bier und Schnaps, im Wohnzimmer der Großmutter. Vermisst hatte er mich nicht. Er hatte schon wieder diese rotglänzenden Augen. Sein Kopf hing so tief zwischen den Schultern, als hätte er keinen Hals. Ein sicheres Zeichen, dass er betrunken war. Ich wurde unruhig. Mochte das nicht. Es beschämte mich, ihn so zu sehen.

»Ach, du bist ja auch noch da.« Er klopfte mit der Hand auf den Platz neben sich. »Setz dich mal hier zu mir!«

Ohne Widerwort setzte ich mich zu ihm. Ich guckte Fernsehen. Er trank. Eine Flasche nach der anderen. Plötzlich klingelte das Telefon. Meine Mutter. Es war schließlich schon nach acht. Und um diese Zeit lag ich normalerweise bereits im Bett. Sie bat meinen Vater, so schnell es geht, nach Hause zu kommen. Und er versprach, sofort loszufahren. »Sofort« hieß an dem Tag für ihn: Wir trinken mal noch ein paar Flaschen und brauchen dann noch eine Stunde. Nach dieser Stunde verlor dann meine Tante die Geduld:

»Werner! Mach, dass du endlich nach Hause fährst. Das

Kind muss doch morgen in die Schule!« Sie packte meinen Vater energisch am Arm und zog ihn zur Tür.

Meine Tante war ganz schön kräftig. Hätte ich ihr gar nicht zugetraut. Immerhin fehlte ihr ein Unterarm. Und auf einem Auge konnte sie nicht sehen. Sie war auf der Flucht mit irgendeinem Sprengsatz in Berührung gekommen. Sie setzte meinen Vater einfach vor die Tür. Um Fahrtüchtigkeit und Gefahren des Trinkens machte man sich damals in den 70er Jahren noch nicht so viele Gedanken. Auf jeden Fall nicht auf dem Land.

Mein Vater wankte zum Wagen, konnte den kaum aufschließen, so voll war er. Im Auto stank es dermaßen nach seiner Fahne, dass mir schlecht wurde. Die Rückfahrt war abenteuerlich. Er konnte die Spur nicht halten, fuhr immer mal wieder über den rechten Straßenrand. Wenn er es merkte, riss er das Lenkrad herum und landete glatt auf der Gegenfahrbahn. Glücklicherweise war kein anderer Autofahrer auf der Strecke unterwegs.

Als wir auf eine Kreuzung zufuhren, konnte ich Scheinwerfer erkennen. Sie kamen auch auf die Kreuzung zu. Ein bisschen mulmig wurde mir schon. Mein Vater hat die auch gesehen. Dachte ich. Ich traute mich nicht, was zu sagen. Wusste nicht, wovor ich mehr Angst hatte, vor meinem Vater oder vor einem Unfall. Er fuhr einfach über die Kreuzung. Ohne zu gucken! Mir rutschte das Herz in die Hose. In letzter Sekunde wich der andere Fahrer noch aus. Es krachte ein bisschen hinten am Auto. Beide hielten an. Ich war starr vor Schreck. Mein Herz schlug bis zum Hals. Mein Vater riss die Tür auf, stieg aus dem Auto. Ich dachte wirklich, er bedankt sich bei dem anderen. Stattdessen ging er auf ihn zu und schrie: »Bist du bescheuert? So schnell zu fahren? Das hätte uns das Leben kosten können! Du kannst froh sein, dass ich so gut reagiert habe!«

Ich wusste, wie dieses Schreien wirkte. Trotzdem konnte ich erst gar nicht glauben, was dann geschah. Der Mann zuckte und stand eingeschüchtert vor ihm. Und dann entschuldigte er sich bei meinem Vater. Und mein Vater knöpfte ihm dann auch noch zwanzig Mark ab für die Reparatur der Beule am Heck. Es war, als wäre mein Vater schlagartig nüchtern geworden. Er tat so, als wäre nichts geschehen, und fuhr dann die letzten Minuten bis nach Hause. Meine Mutter stand schon in der Tür.

»Kein Wort von dir!«, zischte er. »Sonst gnade dir Gott«, warnte mein Vater mich noch, bevor wir ins Haus gingen. Die Nacht blieb ruhig.

Nasenbluten, Schnee und eine geschlagene Tanne

In der Grundschule liefen bereits die Vorbereitungen für das Weihnachtsfest. Wir probten für das Krippenspiel. Aufgeführt werden sollte es am letzten Tag vor den Weihnachtsferien. An diesem Morgen trafen wir uns in der kleinen Turnhalle im Keller, um unsere Rollen einzuüben. Schüler aus der vierten Klasse spielten die Hauptrollen, wir aus der ersten die Tiere. Michael und ich waren der Schafherde zugeteilt. Die sollte sich während der ganzen Aufführung mehr oder weniger tanzend um die Krippe herumbewegen. Gespannt schaute ich auf Herrn Fischer. Als der uns das Zeichen für den Einsatz gab, krabbelten wir auf allen vieren langsam Richtung Krippe.

Plötzlich unterbrach Herr Fischer die Probe. Mir war gar nicht aufgefallen, dass Michael mit blutender Nase die Schafherde verlassen hatte und nun am Rand saß. Er versuchte verzweifelt, sein Nasenbluten zu stoppen. Als das unserem Lehrer auch nicht gelang, erzählte ich ihm, dass meine Oma uns immer einen nassen Lappen hinten auf den

Hals legt. Er schickte mich in den Waschraum, um einen zu holen. Es half erst mal nicht viel. Aber nachdem wir das mehrfach wiederholt hatten, hörte die Nase endlich auf zu bluten. Gott sei Dank.

Herr Fischer war sehr besorgt und schickte Michael zur Sicherheit nach Hause. Er bat mich, Michael zu begleiten. Ich brachte ihn zu seiner Mutter und kehrte dann wieder in die Schule zurück.

»Jungs, wacht auf. Los, aufstehen. DAS müsst ihr sehen!«, stürmte Wolfgang morgens in unser Zimmer.

Er zog aufgeregt unseren Rollladen hoch. Und da sahen wir ihn. Den Schnee, der tatsächlich liegenblieb! Das hatten wir so noch nicht. Im Moseltal war er immer gleich weggetaut. Und jetzt reichte der Schnee bis über die erste Stufe der Eingangstreppe. Die Landschaft war ganz weiß. Wir waren begeistert. Konnten gar nicht schnell genug aus dem Haus. Der Schulweg dauerte etwas länger als sonst, hatten wir doch nichts Besseres zu tun, als uns schon mal die eine oder andere Schneeballschlacht zu liefern. Nach der Schule ging es dann richtig los. Am steilsten Hang der Siedlung trafen sich nach dem Mittagsessen fast alle Kinder aus der Nachbarschaft. Ob mit Schlitten oder Skiern, war egal. Alle mussten erst mal mithelfen, die Piste richtig plattzustampfen und einzufahren. Der frischgefallene Schnee bremste noch viel zu sehr.

Es dauerte zwei Stunden, bevor wir das erste Rennen der Saison starten konnten. Michael und ich fuhren erst jeder allein mit einem Schlitten. Hatten aber beide keine Chance, auch nur ein Rennen gegen die Großen zu gewinnen. Erst als wir zu zweit auf einem Schlitten starteten, waren wir auch mal als Erste unten. Der Nachmittag auf der Piste war so schnell vergangen und hatte so viel Spaß gemacht. Als wir dann am Abendbrottisch saßen, fielen mir fast die Augen zu, so müde war ich. Es war eben anstrengender, als ich dachte, nach jeder Abfahrt wieder den Berg raufzulaufen. Aber egal. Mir ging es gut.

Am nächsten Morgen hatte ich Muskelkater. Meiner Begeisterung für den Schnee tat das aber keinen Abbruch. Als Herr Fischer uns am letzten Schultag noch einen Film über das Leben der Eskimos zeigte, hatten Michael und ich gleich dieselbe Idee. Wir nahmen uns fest vor, im Garten seiner Eltern ein Iglu zu bauen. Einen ganzen Tag waren wir allein damit beschäftigt, den Schnee vom Grundstück zusammenzusammeln und ihn zu einem großen Haufen aufzutürmen. Unermüdlich klopften wir den Schnee fest und hatten irgendwann genauso ein halbrundes Gebilde da stehen, wie wir es im Film gesehen hatten.

Den nächsten Tag starteten wir damit, dieses Gebilde auszuhöhlen. Ganz schön riskant, das Unterfangen. Drohte doch ständig die dünne Decke zusammenzubrechen. Am Ende des Tages war es fertig – unser Iglu.

Gerade als wir Michaels Eltern holen wollten, um ihnen unser Werk zu präsentieren, verlor Michael auf der Treppe zum Haus das Gleichgewicht und fiel hin. Er stand einfach nicht wieder auf. Ich hatte Angst. Als dann noch Blut aus seiner Nase lief, rief ich laut nach seinen Eltern. Die hörten aber nichts. Ich kniete mich erst mal neben ihn und hob unsicher seinen Kopf an. Da öffnete er die Augen. Die Nase blutete heftig. Wie damals in der Schule. Sein Gesicht war kalkweiß, er konnte die Augen kaum aufhalten. Ich zog meine Jacke aus und legte sie unter seinen Kopf. Weinend rannte ich die Treppe hoch und klingelte. »Bitte! Machen Sie schnell! Michael liegt hier vor der Treppe! Seine Nase blutet wieder.«

Michael war zu schwach, um selbst zu gehen. Sein Vater nahm ihn auf den Arm und trug ihn in sein Zimmer, seine Mutter alarmierte derweil den Notarzt. Der kam erst eine Stunde später. Bis dahin durfte ich bleiben. Dann musste ich nach Hause. Ich bat meine Mutter, später am Abend noch mal bei Michaels Eltern anzurufen und zu fragen, wie es ihm geht. Da war aber niemand zu erreichen. Was war nur mit ihm?

Ich hatte keine Ruhe und rannte am nächsten Morgen zu deren Haus. Michaels Vater war gerade aus dem Kinderkrankenhaus zurück, in das Michael noch gestern mit dem Krankenwagen eingeliefert worden war. Sie hatten ihn über Nacht zur Beobachtung dabehalten. Er wurde wieder entlassen, obwohl man die Ursache nicht gefunden hatte.

An dem Tag wollte mein Vater mit Wolfgang und mir in den Wald, einen Weihnachtsbaum schlagen. Auf die Idee waren nicht nur wir gekommen, waren aber ein wenig zu spät, um ein anständiges Exemplar zu finden. Mein Vater war ungeduldig, nervös. Nach einer Stunde etwa hackte er plötzlich einen kleinen, schiefgewachsenen Baum ab und trieb uns nach Hause. Dort verstaute er den Baum in der Garage und verschwand in seiner Stammkneipe. Uns wurde mulmig. Zwar führte nicht jeder Vollrausch zu Prügeln – sonst lebten wir bestimmt auch nicht mehr –, aber allein das Bangen und Warten, bis er zurück war und wir sicher sein konnten, dass er dann auch wirklich schläft, kostete uns reichlich Nerven. Und Schlaf. Und Vertrauen. Das hatten wir in ihn schon lange nicht mehr.

Mein Vater war Weihnachten für den Tannenbaum zuständig. Am Mittag des Heiligabend beobachtete ich ihn dabei, als er den Baum aus der Garage durchs Fenster ins Haus schaffen wollte. Er wirkte ungehalten. Ich sah auch, dass er sich erst mal ein Bier genehmigte. Danach war die Tanne ganz schnell im Wohnzimmer. Nun musste sie nur noch in der Ecke auf dem Tisch platziert werden. Das war sicher nicht so leicht, so krumm, wie die war. Wir hörten meinen Vater fluchen. Mit einem genervten »Du blöder Scheißbaum!« flog die Tanne irgendwann aus dem Fenster und landete im Schnee vor dem Haus. Dann knallte erst die Wohnzimmer-, darauf die Haustür, und mein Vater verzog sich auf den Dachboden der Garage. Zu seinen Brieftauben. Bis zum Nachmittag.

Meine Brüder und ich verfrachteten währenddessen den

Baum wieder ins Wohnzimmer. Es dauerte ein bisschen, bis er fest stand und wir ihn gemeinsam mit unserer Mutter schmücken konnten. Wir hatten die stille Hoffnung, dass es an den Feiertagen friedlich zugehen sollte. Mein Vater legte an solchen Feiertagen besonderen Wert darauf, seine heile Familie zu präsentieren.

Schon auf dem Weg zur Messe wurde jeder freundlich gegrüßt. Ich fand das übertrieben, aber immer noch besser als Prügel. Er zeigte sich den Nachbarn von seiner besten Seite. Ich traute dem Frieden nicht. Auf dem Rückweg war er schon anders. Unruhig und unfreundlich zu uns. Es schien ihm nicht gutzugehen. Wir aßen noch gemeinsam zu Abend. Und während wir Kinder mit dem Auspacken der Geschenke beschäftigt waren, griff er sich eine Schnapsflasche und verschwand im Keller. Mit der leeren Flasche in der Hand sahen wir ihn später die Treppe hinaufwanken. Er stellte sie in die Küche und zog dann weiter Richtung Schlafzimmer.

Wir hörten nichts mehr von ihm. Meine Mutter brachte uns irgendwann zu Bett. Noch ganz beseelt von den Geschenken und dem Abend lagen wir in unseren Federn. Das Licht war an. Aber wir hatten die Tür nicht zugesperrt. So sicher fühlten wir uns. Ich döste vor mich hin, als plötzlich die Tür aufging. Ich schreckte hoch. In zwei Schritten stand er bei mir am Bett. Als hätte er nur darauf gewartet, dass meine Mutter das Zimmer verlässt. Ich konnte gar nicht so schnell denken, wie er mich an den Beinen aus dem Bett gezerrt und die Treppe hinunter ins Wohnzimmer geschleift hatte.

Ich war sprachlos, zitterte vor Angst, und alles tat mir weh. Ich hielt die Arme vor mein Gesicht. Machte mich so klein es ging. Bekam keinen Ton raus. Er schloss die Tür hinter uns. Und dann rastete er richtig aus. Er schlug auf mich ein.

»Ich werde dir helfen, meinen Namen so in den Dreck zu ziehen«, schrie er und trat mir so doll in den Bauch, dass ich mich übergeben musste.

»Das hast du davon, wenn du dein verdammtes Maul

nicht halten kannst«, hörte ich ihn raunen. Er drehte sich um, öffnete die Tür, ging raus und ließ mich auf dem Teppich zurück. Ich brauchte eine Weile, bevor ich mich bewegen konnte. Heulend ging ich ins Bad und wusch mir das Gesicht.

Es muss Michaels Vater gewesen sein, der mich verraten hatte. Er musste meinem Vater nach dem Gottesdienst etwas gesagt haben. Ängstlich und leise schlich ich in mein Bett zurück. Ich war wütend und traurig und einsam – und wusste in dem Moment nicht, was von alldem am meisten wehtat. Ich wusste auch nicht, auf wen ich mehr sauer war, ob auf meinen oder auf Michaels Vater. Ob beten half? Jesus kann einen wenigstens nicht verraten.

Ich sprach mit niemandem mehr von den Schlägen. Diese Nacht blieb uns allen als warnendes Mahnmal im Gedächtnis. Keiner von uns, nicht meine Mutter, nicht einer meiner Brüder kamen auf die Idee, je mit anderen über die schrecklichen Geschehnisse zu sprechen.

Am Tag darauf war ich eigentlich bei Michaels Familie zum Kaffee eingeladen. Mit meiner dicken Lippe wollte ich aber nicht. Erst eine Woche später traute ich mich wieder dahin. Michael war noch ganz schön schlapp und blass. Seine Mutter hatte extra für uns Waffeln gebacken. Im Wohnzimmer zeigte mir Michael stolz seine neueste Lok, und kurz drauf verschwanden wir im Keller, um sie zu testen. Lange hielt Michael nicht durch. Er war schnell müde. Schade.

Auf dem Weg aus dem Haus lief ich Michaels Vater über den Weg. Er versuchte gerade das Auto vom Eis zu befreien. Ich grüßte ihn nur kurz und machte mich auf den Weg nach Hause. Doch Michaels Vater konnte ich einfach nichts vormachen. Ich glaube, er ahnte, was in der letzten Nacht passiert ist. Wenige Minuten nachdem ich das Haus verlassen hatte, hielt er plötzlich mit seinem Wagen neben mir an und öffnete das Fenster:

»Markus? Sag mal, ist was mit dir?«, fragte er.

»Nö!«, antwortete ich nur kurz.

»Du bist doch sonst nicht so kurz angebunden«, setzte er nach.

Ich schwieg. Lief rot an. Lügen konnte ich noch nie. Wurde immer erwischt. Mir stand es ins Gesicht geschrieben.

»Steig bitte ein. Ich möchte mit dir reden«, blieb er hartnäckig.

»Ich muss nach Hause und hab jetzt keine Zeit«, versuchte ich abzuwiegeln.

Doch er ließ nicht nach, und aus Angst, dass mein Vater uns hätte sehen können, gab ich schließlich nach. Ich stieg in den Wagen. Am nahegelegenen Sportplatz hielt er an.

»Komm, lass uns ein wenig spazieren gehen.« Hier würde uns niemand sehen können, dachte ich – und stieg trotzdem zögerlich aus.

»Und nun sag mal, was ist. Dein Vater wieder?« Er fasste mich behutsam am Arm, hielt mich einen Moment. Er merkte, dass ich nicht so recht rauswollte mit der Sprache. Ich mochte Michaels Vater. Sehr. Und er wusste eh schon, was bei uns abging. Ich gab mir einen Ruck.

»Sie hatten mir doch versprochen, ihm nichts zu sagen!«, flüsterte ich wütend. Er erschrak. Hielt inne. Hatte nicht damit gerechnet, dass mein Vater sich rächen würde. An mir.

»Oje. Das tut mir leid. Sehr leid. Entschuldige bitte. Das war ein Fehler. Ich dachte echt, dass dir das helfen könnte.«

»Helfen? Er hat mich verprügelt. Und zwar so richtig«, weinte ich. Er nahm mich in den Arm, drückte mich herzlich.

»Junge, das tut mir so leid«, wiederholte er. »Ich verspreche dir! Ich halte ab jetzt meinen Mund. Kannst du dich drauf verlassen.«

»Na gut. Können wir dann jetzt zurück, bitte?« Ich war nervös. Er aber auch. Aber nicht meinetwegen. Nach kurzem Schweigen sagte er leise: »Ich möchte dich auch um was bitten, Markus.« Ich stutzte. »Ja?«

»Du und Michael«, sagte er. »Ihr seid doch wirklich gute Freunde, oder?«

»Ja!«, erwiderte ich. »Ich glaube, dass er dich jetzt sehr braucht.«

»Wieso, was ist denn?«, fragte ich verstört und aufgeregt.

»Wir wissen es noch nicht genau. Aber wir fürchten, dass Michael sehr krank ist. Ich habe so große Angst. Könntest du bitte in der Schule und beim Spielen ganz besonders auf ihn aufzupassen?« Dabei drückte er ganz feste meine Hand.

»Klar, das kann ich machen«, erwiderte ich, wenn auch etwas ratlos und ohne mir der Verantwortung bewusst zu sein. Wie auch? Ich war gerade mal sechs.

Kinder ohne Anzug, die erste Oblate und fette Beute

Brauheck füllte sich. Jahr für Jahr gab es neue Häuser und neue Menschen im Neubaugebiet. Im Mai 1978 war dann der letzte Bauplatz vergeben. Wir fieberten bereits der Fußballweltmeisterschaft in Argentinien entgegen. Aus Angst um ihre Arbeitsplätze streikten die Arbeiter sämtlicher Branchen, weil der unaufhaltsame technische Fortschritt immer mehr menschliche Arbeitskraft zu ersetzen drohte. Bei uns auf dem Land war davon nicht so viel zu spüren. Waren es doch vorwiegend Beamte, Angestellte des öffentlichen Dienstes und Berufssoldaten, die hier ihre neuen Häuser errichteten. Gehobene Mittelschicht nannte sich das damals. Deren berufliche Zukunft war meist gesichert bis zur Rente oder Pension. Komfortabel, im Vergleich zu heute. Zwar mussten viele das durch Bauschulden entstandene Loch in der Familienkasse auffüllen, um den Verlust seiner Existenz musste hier jedoch niemand bangen.

Meine Mutter, stets lieb und manchmal viel zu nett, hatte sich mit einigen Frauen aus der direkten Nachbarschaft angefreundet. Sie verbrachte viel Zeit mit ihnen, entzog sich dadurch ihrem gewalttätigen Ehemann von Jahr zu Jahr mehr. Meinem Vater reichten sein Taubenschlag und seine flüchtigen Bekannten am Tresen seiner Stammkneipen. Manchmal dachte ich, er schämte sich und mochte deshalb nicht mit den Nachbarn reden oder am öffentlichen Leben der Siedlung teilnehmen. Nur zum Feuerwehr- und Straßenfest ging er jedes Jahr. Aber nur betrunken. Nüchtern hätte er sich da vermutlich nie hingetraut. Vermutlich hatte er auch Angst. Denn eines war sicher: Die Nachbarn mussten seine nächtlichen Gewaltexzesse in irgendeiner Weise mitbekommen haben.

Nach der Arbeit verschwand er normalerweise oberhalb der Garage, blieb da bis zum späten Abend, oder er verbrachte seine Zeit bis tief in die Nacht in einer seiner Stammkneipen. Er bevorzugte seit längerer Zeit die in den Nachbarorten. Wir Kinder hatten uns nämlich angewöhnt, ihm in der Dorfkneipe so lange auf die Nerven zu gehen, bis er mit uns nach Hause kam. Auf diese Weise verhinderten wir eine Zeitlang die absolute Vollrauschphase und die damit verbundene Gefahr, verprügelt zu werden. Zumindest haben wir uns das eingebildet.

Wolfgang besuchte bereits die sechste Klasse der Orientierungsstufe im fünf Kilometer entfernten Cochem. Oliver ging in die zweite und ich in die dritte Klasse der Grundschule in Dohr. Uns beiden stand in diesem Frühjahr des Jahres 1978 noch ein großes Ereignis bevor, für das die Vorbereitungen bereits im vollen Gange waren: die Erstkommunion. Eigentlich hätte ich schon im letzten Jahr gemeinsam mit meinen Schulkameraden da hingehen sollen. Aber meine Eltern entschieden aus Kostengründen, dass diese Feier für Oliver und mich gemeinsam ausgerichtet werden sollte.

Wir waren aufgeregt. Standen uns doch viele Gäste und

natürlich Geschenke ins Haus. Zweimal in der Woche mussten wir dafür zum Kommunionsunterricht. Jeden Dienstag- und Donnerstagnachmittag trafen sich die zwölf Kinder in der Wohnung des für unsere Siedlung zuständigen Militärpfarrers. Während der uns geduldig die katholischen Regeln der Nächstenliebe zu vermitteln versuchte, nickten wir brav mit den Köpfen und erduldeten diesen Unterricht. Ohne den hätte es keine Zulassung für den Tag der Kommunion gegeben. Und der Pfarrer führte eine Anwesenheitsliste. Wenn jemand zehnmal oder mehr gefehlt hatte, wurde er nicht zugelassen. Ich möchte jetzt nicht behaupten, dass mir der Unterricht für mein weiteres Leben sonst gar nichts gebracht hätte, aber die Motivation für die regelmäßige Teilnahme war eindeutig die Aussicht auf Geschenke. Zudem war es eine gute Gelegenheit, nicht daheim sein zu müssen. Veranstaltungen am Wochenende, in den Ferien, Wallfahrten oder Ausflüge nach Trier oder Köln: Das alles war besser als die bedrohliche Stimmung zu Hause. Irgendwie erschienen mir Kirche und Jesus vertrauenerweckender als mein Vater und das Leben in unseren vier Wänden.

Zwei Wochen vor der Erstkommunion fuhren wir mit dem Auto nach Koblenz. Mein Großvater hatte uns gebeten, ihn abzuholen, wollte er sich doch nicht nehmen lassen, dabei zu sein, wenn seine Enkel für dieses Fest – ganz in seinem Sinne – eingekleidet wurden. Wir Kinder waren weniger begeistert, ahnten wir doch, was uns für ein hektischer Tag bevorstand.

Im Trubel der Großstadt verlor mein Vater schon bei der Suche nach einem Parkplatz die Geduld. Wir waren richtig erleichtert, dass er sich verabschiedete – nicht ohne meiner Mutter ein schmales Zeitfenster von zwei Stunden zu gewähren. Schnell hatten wir den ersten auf Braut- und Kommunionskleidung spezialisierten Laden in der Fußgängerzone gefunden. Hemd an, Hose an. Mutter schüttelte den Kopf. Anderes Hemd an, andere Hose an. Wieder nichts. Wenig begeistert zwang ich mich in eine Vielzahl von Modellen, die aber allesamt den prüfenden Blicken meiner Mutter nicht standhielten. Ich war genervt, hatte keine Lust mehr.

Mein Großvater kümmerte sich derweil um Oliver. Dem blieb das lästige Anprobieren erspart, da er auf jeden Fall das gleiche Modell wie ich tragen sollte. Als ich sie fragte, warum das sein muss, antwortete sie: »Im Doppel kriegen wir es vielleicht billiger, lass mich mal machen.« Fertig. Damit war das entschieden.

Meine Mutter fand aber in diesem Laden nichts so ansprechend, dass sie es gekauft hätte. Ab in den nächsten. Und den übernächsten. Und noch einen. Nach eineinhalb Stunden hatte ich das Gefühl, in allen Läden von Koblenz gewesen zu sein. Als meiner Mutter dann endlich ein Anzug mit Fliege gefiel, war der Preis für dieses Modell allerdings so happig, dass sie an der Kasse auf die Hilfe meines Großvaters angewiesen war. Ob die anderen Kinder auch Großväter hatten, die einsprangen, wenn das Geld nicht reichte? Was für Kleider die anderen an dem Tag wohl trugen? Ob die auch alle so ein Theater mitmachen mussten? Ich werde mal den Pfarrer fragen, beschloss ich.

Direkt nach Ostern trafen wir uns das letzte Mal vor der großen Feier in dessen Wohnung. Kurz bevor wir uns verabschiedeten, fragte ich ihn: »Entschuldigung, Herr Pfarrer, ich hätte da noch eine Frage.«

»Gerne, was liegt dir denn auf dem Herzen?«, erwiderte er.

»Was passiert eigentlich, wenn man nicht so viel Geld hat, dass man sich einen Anzug kaufen kann? Darf man dann nicht zur Kommunion gehen?«

»Da musst du dir keine Sorgen machen. Wenn jemand keinen Anzug hat, bekommt er einen von der Kirchengemeinde gestellt. Das ist die sogenannte Albe und sieht so ähnlich aus wie das Taufgewand der frühen Christen. Brauchst du eins? Ich kümmere mich darum!«

»Nein, nein, hat mich bloß mal interessiert. Aber danke!« Ich machte mich auf den Heimweg. Neugierig war ich in dem Moment schon noch, ob eines der Kinder in einem solchen Gewand zur Erstkommunion erscheinen würde. Denn es waren viele Kinder aus der Siedlung dabei, wo die lebten, die nicht so viel Geld hatten.

Der Weiße Sonntag ist immer genau eine Woche nach Ostern. Die Bezeichnung stammt von den weißen Gewändern, die damals Christen zur Taufe trugen. Weil in der heutigen Zeit die meisten schon als Baby getauft werden, findet heutzutage am Weißen Sonntag die Erstkommunion statt. Weiße Kleider tragen aber nur die Mädchen.

Nun hatten wir uns so lange auf den Tag vorbereitet, und doch fühlte es sich an, als sei er ganz plötzlich da. Mit Kribbeln im Bauch zwängten wir uns in die neuen Anzüge und machten uns zu Fuß auf den Weg zur Kirche. Der Weg erschien mir endlos. Die neuen Schuhe scheuerten an der Ferse. An der Kirche warteten bereits unsere Großeltern und mehrere Tanten und Onkels, bewaffnet mit Fotoapparaten. Noch vor Beginn der heiligen Messe ließ ich mir von meiner Großmutter noch die schmerzende Blase am Fuß behandeln. Der Schmerz ließ nach, und ich stellte mich erleichtert in die Reihe der Kommunionskinder an den mir zugewiesenen Platz. Als alle Erwachsenen in der Kirche waren, zogen wir Kinder unter Glockengeläut ganz feierlich in das Haus Gottes ein. Vor lauter Angst, den Text meiner Fürbitten zu vergessen, wiederholte ich diese in Gedanken mehrmals, bis der Gottesdienst dann endlich begann.

Seit meinem dritten Lebensjahr war ich nun jeden Sonntag in der Kirche, und ich wusste sehr genau, wie so ein Gottesdienst bis dahin immer abgelaufen war. Ab heute sollte es anders werden. Mit der Erstkommunion durften wir endlich auch an der Kommunion teilnehmen. Ich musste nicht mehr neidisch auf die Oblate meines älteren Bruders schauen, die der schon seit zwei Jahren in die Hand gedrückt bekam. Noch größer war nur noch die Vorfreude auf die Geschenke. Wir konnten kaum abwarten bis zum Ende des Gottesdienstes.

Meine Eltern hatten an diesem Tag für das gemeinsame Essen mit den Verwandten einen Raum in einem Gasthaus angemietet. Kaum da angekommen, setzten Oliver und ich uns schnell auf unsere Ehrenplätze in der Mitte der Tafel und warteten gespannt, bis auch die Gäste endlich ihre Plätze gefunden hatten. Ganz besonders freute mich, dass mein Patenonkel Josef aus Bergheim an die Mosel gekommen war. Der gebürtige Holländer war mit einer Schwester meines Vaters verheiratet und lebte mit vier Kindern in einem Einfamilienhaus in der Nähe von Köln. Er schenkte mir eine Steinrose, die er aus Afrika mitgebracht hatte. Er arbeitete für eine große deutsche Baufirma in verschiedenen Ländern Afrikas. Er war immer braungebrannt, so selten ich ihn zu sehen bekam. Mit uns Kindern ging er immer ruhig und geduldig um. Seine Gelassenheit imponierte mir. Sehr. Ich hätte zwar nicht beschreiben können, was den Unterschied ausmachte, aber ich spürte, dass er anders als all die anderen war, die hier nie aus ihrem Dorf herausgekommen waren. Allein schon deswegen vergötterte ich ihn.

Oliver und ich konnten das Ende des Festes kaum abwarten. Die Geschenke durften nämlich erst ausgepackt werden, wenn auch der letzte Gast den Raum verlassen hatte. Unser größtes Interesse galt dem Inhalt der vielen Briefumschläge, die an den Kartons klebten. Von Wolfgangs Erstkommunion wussten wir, dass sich neben der Glückwunschkarte darin auch der eine oder andere Geldschein befand. Die Bilanz war großartig: 925 Mark. Ganz schön viel für die damalige Zeit. Das Geld wurde auf mein Sparbuch eingezahlt. Mein Vater verwaltete es.

Die folgende Nacht war eine der wenigen, die wir mal in aller Ruhe und geschützt in unserem Haus verbringen konnten. Unsere Zimmer waren gefüllt mit Luftmatratzen für die vielen Verwandten, und so konnten wir uns sehr sicher fühlen.

Eine Großmutter ohne Weihwasser spendet für Boat-People

Für die letzte Woche der Osterferien hatte ich mir einen Platz bei meiner Großmutter in Sehl gesichert. Wir mochten uns. Ich weiß nicht, ob sie mich mochte, weil ich ihrem vermissten Sohn so ähnlich sah. Sie hat nie was gesagt. Aber das war mir auch egal. Sie hatte mich gern bei sich, und ich war gern bei ihr. Sie war nicht mehr gut zu Fuß. Verließ auch ungern das Haus. Als ich dieses Mal bei ihr ankam, drückte sie mir einen Einkaufszettel in die Hand und zehn Mark. Neben Brot und Margarine stand lediglich noch ein Glas Nutella auf der Liste. Sie wusste ganz genau, dass ich zu gern diesen Brotaufstrich frühstückte. Nur wenige Hundert Meter die steile Straße hinunter auf der rechten Seite fand ich den Markt. Meine Mutter hatte mir noch zwanzig Mark Taschengeld mitgegeben. So kaufte ich Brot, Margarine und Nutella, Pralinen und zwei Flaschen Limonade. Und von meinem Geld noch Erdnüsse. Der Rückweg den Berg hoch mit all den Sachen war dann schon unbequemer. Völlig aus der Puste erreichte ich ihre Wohnung.

Als ich die mitgebrachten Lebensmittel verstauen wollte, war ich erstaunt. Von zu Hause war ich es gewohnt, dass der Kühlschrank meist mit verschiedenen Wurst- und Käsesorten, Joghurts, Puddings und auch frischem Gemüse vollgestopft war. Im Kühlschrank der Großmutter standen lediglich ein halber Liter Milch und eine angebrochene Packung Frischkäse. Der Anblick beschämte mich, weil ich von dem Geld nur Sachen für mich gekauft hatte. Etwas unsicher half ich meiner Oma, die Couch herzurichten, auf der ich die kommende Woche schlafen sollte.

Den Rest des Tages verbrachten wir gemeinsam in der Küche, spielten Mau-Mau, oder sie erzählte Geschichten von ihren Kindern aus Schlesien. Die Zeit verging wie im Flug. Erst spät kam deshalb das Abendbrot auf den Tisch, das für mich ungewohnt karg ausfiel. Trotzdem schlief ich gut und vor allem sicher.

Am nächsten Morgen machte ich mich noch vor dem Frühstück auf und investierte den Rest meines Taschengeldes in Wurst und Käse. Wieder zurück in der Wohnung, deckte ich den Tisch und weckte meine Großmutter. Als sie aus dem Bad kam und den reichlich gedeckten Tisch sah, nahm sie mich ganz fest in ihren Arm. »Das ist aber lieb von dir, mein Junge!«

Nachdem wir zusammen gefrühstückt und den Tisch abgeräumt hatten, öffnete sie die Vitrine mit den Fotoalben. Behutsam legte sie auch die zwei noch nicht gezeigten Bildbände auf den Wohnzimmertisch und schlug das erste auf, um mir die vergilbten Bilder zu zeigen. Zu sehen waren mein Großvater bei der Arbeit auf dem Feld und meine Oma mit dem Erstgeborenen im Arm. Meine Großmutter hatte noch ein rundes, junges Gesicht. Auch auf den späteren Fotos sahen die Menschen gesund und fröhlich aus. Aus dem, was sie erzählte, schloss ich, dass es irgendwann nicht mehr so selbstverständlich war, gut zu essen zu haben. Während sie Geschichten erzählte, schaute ich mich im Raum um. Nirgendwo hing ein Kreuz.

Komisch, jetzt erst fiel mir auf, dass sie vor dem Essen nicht betete. Sie hatte auch noch nie etwas über Gott oder Jesus erzählt. Das wäre bei meiner anderen Großmutter undenkbar gewesen. Im Haus der Großeltern mütterlicherseits gab es keinen einzigen Happen, ohne dass man dafür vorher Gott gedankt hatte. Zudem hing dort in jedem Zimmer ein Kreuz, und in jedem Schlafzimmer stand ein kleines

Weihwasserbecken. Die andere Großmutter fluchte immer mit solchen Worten wie »Kreuzgewitter« oder »Maria hilf!«. Besonders, wenn wir Kinder was ausgefressen hatten.

Bei meiner Großmutter in Sehl war von alledem nichts zu sehen. Und nichts zu hören. Irgendeinen Grund würde es dafür schon geben. Aber ich traute mich nicht, sie danach zu fragen.

Kurz vor acht Uhr hatte sie in ihrem Schaukelstuhl Platz genommen und knipste mit der Fernbedienung das Fernsehgerät an, lehnte sich gemütlich zurück, und die Tagesschau konnte beginnen. Der Sprecher verlas die Nachricht von Flüchtlingen vor der vietnamesischen Küste.

»Schau mal«, sagte sie aufgeregt und verfolgte Bilder von den Familien, die aus ihrem Land teilweise auf selbstgebauten Booten übers Meer flüchteten. Sie griff zum nahegelegenen Schreibblock und notierte sich die eingeblendete Spendennummer für die sogenannten Boat-People. Noch am gleichen Abend füllte sie einen Überweisungsträger aus, den ich am nächsten Tag für sie bei der Bank in den Briefkasten warf. Das Geld ging ans Rote Kreuz, das mit Schiffen vor der Küste die vietnamesischen Flüchtlinge von deren Booten aufnahm, um diese zu retten. Sie verfolgte täglich die Nachrichten zu diesen Boat-People und war froh, als irgendwann berichtet wurde, dass die ersten die Auffanglager in Deutschland erreicht hatten.

Märklin-Eisenbahn auf der Krebsstation

Am letzten Ferientag war ich mit Michaels Vater verabredet. Schon frühmorgens um halb sieben Uhr klingelte ich, und Michaels Mutter öffnete mir die Tür. Sie hatte bereits ihre Jacke an und die Handtasche über der Schulter. Ihr Mann wartete in der Garage auf uns. Wenige Minuten später saßen wir im Auto auf dem Weg in die Landeshauptstadt Mainz. Es dauerte gut zwei Stunden, bis wir die Universitätsklinik erreicht und einen passenden Parkplatz gefunden hatten. Vorbei an der Notaufnahme führte uns der lange Gang zur speziellen Kinderklinik.

Hier lag Michael schon seit Wochen auf der Krebsstation und bekam bereits seine zweite Chemotherapie. Nahezu ein Jahr hatten die Ärzte nach den Ursachen für Michaels Schwächeanfälle und sein Nasenbluten gefahndet und schließlich herausgefunden, dass er Leukämie hatte. Noch heute erinnere ich mich daran, wie viel Angst Michaels Eltern davor hatten. Ihre Befürchtungen hatten sich bewahrheitet. Seither begleiteten sie ihn. Von einer Krebskinderklinik in die andere. Ich war zehn Jahre alt. Ich begriff nicht wirklich, was da passierte. Ich wusste nur: Michaels Eltern mochten mich und nahmen mich gern mit. Ihnen war es wichtig, dass ich dabei war, wenn sie Michael besuchten. Ob für sich oder für Michael, das vermag ich auch heute noch nicht zu sagen. Michael freute sich immer, mich zu sehen. Wenn wir zusammen spielten, lenkte ihn das wenigstens für ein paar Stunden von seiner Behandlung ab.

Es war schon aufregend. Wir mussten jedes Mal, bevor wir zu ihm durften, in einer Art Schleuse in einen Spezialanzug steigen. Nur gut bedeckt durften wir überhaupt zu ihm. Mit der Chemotherapie wurde nämlich sein Immunsystem so stark angegriffen, dass jeder kleine Husten oder gar eine Grippe ihn umgebracht hätte. Michaels Zimmer befand sich am Ende des Flures der Kinderkrebsstation. So mussten wir an all den anderen Zimmern vorbei. Lauter müde, kraftlose, schmale Kinder, alle ohne Haare. Beängstigend. Kurz bevor wir sein Zimmer betraten, atmete ich immer erst mal tief durch, schließlich sollte er mir nicht anmerken, wie sehr mich das alles beeindruckte.

Michael saß in seinem Bett und hatte kaum die Kraft, um aufzustehen. Ich musste ihm dabei helfen, sich auf einen

Stuhl zu setzen. Erst zwei Tage zuvor waren die Medikamente der zweiten Therapie abgesetzt worden, und er erholte sich nur langsam. Nach der ersten Therapie vor gut einem Jahr hatte er länger als einen Monat gebraucht, um wieder zu Kräften zu kommen. Hilfe würde er noch eine Weile brauchen. Seine Eltern waren zum Chefarzt gerufen worden, und so waren wir allein im Zimmer.

Michael hatte in seinem Zimmer einen Karton mit einer Märklin-HO-Eisenbahn. Wir spielten eine Weile damit. Ich baute die Schienen im Zimmer auf, und Michael übernahm die Position des Lokführers und lenkte den kleinen Zug mit dem Trafogerät auf seinen Oberschenkeln vom Stuhl aus. Ich übernahm die Aufgabe des Gleisarbeiters und stellte nach jeder Entgleisung den Zug auf die Bahn zurück.

»Wir haben eine gute Nachricht für dich«, sagten seine Eltern, als sie wiederkamen. Sofort stoppten wir die Bahn.

»Was denn?«, fragte Michael ungeduldig.

»Die Therapie ist abgeschlossen, deine Blutwerte sind so gut, dass du in einer Woche wieder nach Hause darfst«, sagte sein Vater und lächelte. Endlich mal wieder. Michael freute sich sehr. Und ich mich erst.

Der Heimweg war viel leichter als die Fahrt zum Krankenhaus. Während der gesamten Rückfahrt sammelten wir Ideen, was wir am kommenden Wochenende machen könnten.

Zwei wichtige Fußballtore – und mal wieder »alles in Ordnung«

Zurück in der Siedlung, hatte ich es ziemlich eilig. Ich hatte ganz vergessen, dass ich zum Abschlusstraining für das alles entscheidende Meisterschaftsspiel musste. Knapp dreieinhalb Jahre spielte ich jetzt schon in der Jugendmannschaft von Cochem und war mit meinen inzwischen zehn Jahren in die D-Jugend aufgerückt. Ich war besessen von Fußball und hätte es nicht zugelassen, auch nur ein Training oder gar ein Meisterschaftsspiel zu verpassen.

Beim Fußball hatte ich alles, was ich zu Hause nicht hatte. Ich konnte gut spielen, ich war nützlich, ich fühlte mich gut – und sicher. Bevor ich mit dem Fußball angefangen hatte, war ich ein kleiner Junge ohne jegliches Selbstvertrauen und Selbstwertgefühl gewesen. Durch die ewigen Prügeleien meines Vaters, seine Drohungen und Beleidigungen, meine ewig traurige Mutter auf der Flucht vor ihrem Mann fühlte ich mich überflüssig, lästig und hilflos. Beim Fußballspielen dagegen hatte ich Erfolgserlebnisse und wurde für meine Leistungen nahezu wöchentlich vom Trainer und den Mannschaftskameraden reichlich gelobt. Das tat gut, und ich wollte darauf nicht mehr verzichten.

Ich konnte während des Spiels oder des Trainings meine Ängste verdrängen. Das wussten die anderen natürlich nicht. Aber so hatte ich mir mit viel Training und zugegebenermaßen auch Talent, eine wichtige Position im Team als Mittelstürmer erspielt. Wir hatten in der laufenden Saison lediglich ein Spiel verloren. Wir führten die Tabelle mit nur einem Punkt Vorsprung vor dem Gegner, auf den wir am nächsten Samstag zum alles entscheidenden Spiel treffen sollten. Nach kurzem Abschlusstraining machte ich mich schnell auf nach Hause. Ich war so aufgeregt, dass ich die ganze Nacht kein Auge zumachte und am nächsten Morgen zum Frühstück nur schwerlich etwas herunterbekam.

Das Cochemer Stadion war an diesem Tag gut gefüllt mit Müttern und Vätern und Geschwistern der Spieler. Sogar mein Vater hatte das erste Mal, seit ich in der Mannschaft spielte, den Weg zum Sportplatz gefunden. Grund genug, richtig gut zu sein. Dem wollte ich es zeigen!

Wir waren alle etwas irritiert wegen der vielen Zuschauer, die ständig meinten, sich in das Spiel einmischen zu müssen, die herumschrien und verwirrende Kommandos gaben. Dass wir verunsichert über den Platz eierten, nutzten unsere Gegner bereits nach fünf Minuten schamlos aus und gingen verdient mit 1:0 in Führung. Doch der Treffer durfte eigentlich nicht gewertet werden. Ein Abseitstor. Das Publikum tobte. Der Schiedsrichter wurde übelst beschimpft. Es wurde so laut im Stadion, dass wir unseren Trainer bis zur Pause nicht verstanden haben. Wir fauchten uns sogar untereinander an.

Erst in der Pause schaffte es unser Trainer, wieder ein bisschen Ruhe reinzubringen. In unsere Mannschaft und dann auch in das Spiel. Ich musste an meinem Vater vorbei, als wir aufs Spielfeld zurückgingen. Seine verächtlichen Blicke werde ich nie vergessen. Ich war wütend, atmete tief durch und war fest entschlossen, ihm zu zeigen, dass ich alles andere als ein Versager bin. Bereits wenige Minuten später erzielte ich mit einem Kopfball nach einer Flanke von rechts den Ausgleich. Was für ein Moment. Alle sahen, vor allem mein Vater sah, wie mich meine Mannschaftskameraden vor lauter Freude unter sich begruben. Unvergesslich. Bis heute.

Als mir dann kurz vor Spielende mit einem Alleingang übers halbe Spielfeld und einem flachen Schuss ins linke Eck auch noch das alles entscheidende 2:1 gelang, war die Hölle los. Ich platzte fast vor Stolz. Kaum einen der Erwachsenen hielt es noch auf seinem Sitz, und der Schiedsrichter hatte große Mühe, das Spiel fortzusetzen. Der Einzige, der völlig gleichgültig am Spielfeldrand stand, war mein Vater. Doch damit konnte er mir nicht weh tun. Im Gegenteil: Stolz und ohne ihn eines Blickes zu würdigen, lief ich erhobenen Hauptes an ihm vorbei.

Kurze Zeit später pfiff der Unparteiische das Spiel ab, und wir waren tatsächlich Meister. Wir liefen noch eine Ehrenrunde. Unser Trainer wartete mit Pizza und Limonade auf uns in der Umkleidekabine. Wir feierten ausgelassen unseren gemeinsamen Triumph. Als ich am Abend nach Hause kam, lag mein Vater schon im Bett, und meine Brüder schauten im Wohnzimmer Rudi Carrells Show »Am laufenden Band«.

In der Küche saß eine Nachbarin mit einer Trockenhaube auf dem Kopf. Sie hatte sich die Haare von meiner Mutter färben lassen. Meine Mutter hatte von ihren Ersparnissen drei solcher Hauben gekauft und ein Nebengewerbe als Friseurin angemeldet, um finanziell etwas unabhängiger zu sein. Da sie sehr gut war und dazu immer freundlich und nett mit den Damen umging, hatten wir viel Besuch, vor allem von den Damen aus der Nachbarschaft. Meiner Mutter tat das gut, und bald hatten wir uns an den Betrieb in unserem Haus gewöhnt.

Es brachte Leben in unser trauriges Haus. Die Anwesenheit der Damen verhinderte das eine oder andere Mal, dass mein Vater sich an uns verging. So war er auch an diesem Samstagabend etwa eine Stunde vor mir völlig betrunken nach Hause gekommen und hatte sich, ohne weitere Probleme zu machen, ins Bett gelegt, um seinen Rausch auszuschlafen. Nachdem die letzte Kundin das Haus verlassen hatte, schlichen wir nur noch auf Socken durchs Haus, weil wir Angst davor hatten, dass er aufwachte. Oft gelang es uns so, seinen Ausrastern und der Gewalt zu entgehen. Manchmal aber leider auch nicht. So auch in dieser Nacht. Er schien mal wieder nur auf den Moment gewartet zu haben, an dem die Nachbarin unser Haus verließ.

Kaum war sie aus dem Haus, polterte er die Treppe herunter, verschwand erst im Badezimmer und machte sich kurz darauf provokant auf dem Wohnzimmersofa breit – wobei er völlig ignorierte, dass dort bereits Oliver und Wolfgang saßen. Er ließ sich einfach rücklings auf das Sofa fallen, so dass den beiden nichts anderes blieb, als schnell zur Seite zu springen, wenn sie nicht von seinem massigen Körper begraben werden wollten. In Sekunden hatte er erreicht, was er wollte: Die gute Stimmung war im Eimer.

Zufrieden griff er zur Fernbedienung und schaltete zwischen den Programmen hin und her. Dabei beobachtete er genau, wie wir reagierten. Es war, als suche er nur einen Grund. Einen Grund, mal wieder zu schreien, zuzuschlagen und zuzutreten. Wir kannten das schon.

Wir bewegten uns nicht, sagten nichts. Dann verließen wir nacheinander wortlos das Wohnzimmer. Gingen in die Küche, wo unsere Mutter noch mit dem Aufräumen beschäftigt war. Aus dem Radio trällerte wie üblich irgendein Schlagerstar.

»Mach die Dudelkiste aus!«, schrie er aus dem Wohnzimmer. »Ich kann hier nichts verstehen!« Er war noch nicht zufrieden. Es passte ihm nicht mal, dass meine Mutter wortlos nachgab. Sie legte den Finger auf den Mund, und mit einem »Psst!« gebot sie uns, still zu sein. Das half aber auch nicht. Plötzlich stand unser Vater in der Küche! Schob mich mit einem rauen »Mach mal Platz!« zur Seite, riss die Kühlschranktür auf, starrte auf das wie immer gutgefüllte Innere des Schrankes.

»Alles nur Müll!« fuhr er meine Mutter an. »Muss ich denn hier alles selber machen? Kannst du nicht mal das anständig?«

Sie sagte nichts, schaute ihn nur an. Er sah sich um und suchte was. Dann war ich an der Reihe:

»Und du Pflaume?« Er stand seitlich von mir und schleuderte seinen Arm in meine Richtung. »Man muss sich ja schämen, wenn man dich so über den Fußballplatz schleichen sieht!«

Ich war starr vor Schreck. Ich bewegte mich nicht, ich reagierte nicht. Erst mal. Dann holte er aus und trat mir in den Hintern.

»Dich meine ich, du fauler Hund«, brüllte er mich an. Ich wollte wirklich nichts sagen. Aber mir rutschte ein »Lass mich in Ruhe!« raus. Ihm genügte das, um mir eine zu langen und weiter zu schreien:

»Ich? Dich in Ruhe lassen? So eine Frechheit! Du ungezogenes Balg! Ich bin dein Vater!«

Ich hielt mir die Wange, sie glühte. Ich hätte nichts sagen sollen, aber es war, als könnte ich es nicht aufhalten. »Dann verhalte dich doch auch bitte so.« Zack. Ruhe. Das reichte. Das konnte er nicht mehr wechseln. Er packte mich an den Haaren, drückte meinen Kopf gegen den Küchenschrank.

»Was sagst du da???«

Ich sagte einfach nichts.

»Los, mach dein Maul auf!«, schüttelte er mich. »Oder soll ich es aus dir rausprügeln?«

Er ließ nicht locker. Die anderen schauten fassungslos zu. Dann mischte sich endlich meine Mutter ein: »Werner! Lass den Jungen los!«, schrie sie. »Hör auf! Nicht auf den Kopf! Hör endlich auf!«

Er hörte natürlich nicht auf. »Du? Willst MIR sagen, was ich zu tun und zu lassen habe?«, brüllte er zurück. »Warte ab! Zu dir komm ich später! Wenn ich mit dem hier fertig bin«, drohte er, »mach dich auf was gefasst!«

Plötzlich sprang Wolfgang vor meine Mutter und sagte: »Dann musst du aber erst einmal an mir vorbei!« Ganz schön mutig.

»Du kleiner Scheißer? Willst mir drohen?«, schrie ihn mein Vater an. In dem Moment packte er Wolfgang an den Hals. Mit seiner linken Hand krallte er meine Haare und mit der rechten drückte er Wolfgang den Hals zu.

Als er uns gerade mit voller Wucht zu Boden drücken wollte, klingelte es an der Haustür. Er ließ uns schlagartig los, ging schnaubend, aber zügig die Treppe hoch ins Schlafzimmer. Gott sei Dank. Ein Nachbar, der zufällig mit seinem Hund an unserem Haus vorbeispaziert war und die lauten Schreie mitbekommen hatte, stand in der Tür, um sich zu erkundigen, ob alles in Ordnung sei.

Meine Mutter beschwichtigte ihn. »Ja, ja. Bei uns ist alles in Ordnung. Da musst du dir keine Sorgen machen.«

Er ging wieder. Ob er ihr geglaubt hat, weiß ich nicht. Aber diesmal hatte er uns geholfen. Meinen Vater haben wir an dem Abend nicht mehr gesehen.

Eine Woche später kam Michael aus dem Krankenhaus zurück nach Hause. Er war zwar noch ganz schön angeschlagen von der Therapie, aber er konnte schon wieder allein laufen. Es gab Kakao und Kuchen, bevor wir in den Eisenbahnkeller verschwanden. Während Michael im Krankenhaus war, hatten sein Vater und ich gelegentlich an der Bahn gebaut. Wollten wir Michael doch eine Überraschung bereiten für seine Rückkehr.

Das war uns auf jeden Fall gelungen, so wie Michael sich freute. Eine Woche blieb er noch zu Hause, bevor er wieder am Schulunterricht teilnehmen durfte. In der Kinderklinik hatte er Einzelunterricht, damit er den verpassten Stoff aufholen konnte. Immerhin hatte er seit den Weihnachtsferien gefehlt. Ich glaube, seine Eltern fanden es gut, dass ich ihn jeden Tag auf dem Weg zur Schule abholte und auch nach der Schule wieder nach Hause begleitete. Ich blieb dann auch meist zum Mittagessen und machte noch zusammen mit ihm Hausaufgaben. Um drei Uhr nachmittags ging Michael dann schlafen und ich nach Hause. Wir fühlten uns schon fast wie Brüder. Irgendwie war ich über diese Zeiten und Ereignisse zu einem Teil von Michaels Familie geworden. Für uns war das nichts Besonderes mehr. Die Schule hatte uns wieder. Es geschah auch über Wochen nicht Außergewöhnliches.

Bis kurz vor den Sommerferien drei Jungs aus der vierten Klasse irgendwie auf uns aufmerksam wurden. Bis zum heutigen Tag ist es mir noch ein Rätsel, aus welchem Grund genau. Sie warteten immer wieder nach Schulschluss vor der Tür auf uns beide und folgten uns im Abstand von einigen Metern. Erst wenn wir genügend weit weg von der Schule waren, kamen sie näher heran. Meist war es der Größte von ihnen, der Michael am Griff seines Schulranzens von hinten in die Luft hob. Wir wehrten uns nicht. Das animierte die anderen irgendwie, mitzumachen. So stellten sie uns abwechselnd von hinten ein Bein, und wenn wir hinfielen, ernteten wir noch Tritte.

Ich kannte mich ja mit blauen Flecken aus. Aber Michael? Um den machte ich mir Sorgen. Ich dachte damals, dass jeder Tritt für ihn hätte im Krankenhaus enden können. Ich durfte Michaels Eltern davon nichts erzählen. Das Versprechen hatte er mir abgenommen. Wie gut ich das kannte. Er hatte Angst, dass seine Eltern sich noch mehr Sorgen machen. Und er befürchtete, dass uns die Jungs dann erst recht nicht in Ruhe lassen würden. Zu Recht. Also musste ganz dringend ein anderer Plan her.

Die ganze Nacht habe ich überlegt. Gegen Morgen hatte ich die Idee: Ich packte in meinen Turnbeutel nicht nur Turnschuhe und Sportkleidung, sondern auch noch eine Dose Cola. »Sollten sie doch kommen! Die können was erleben!«, dachte ich. Als uns die drei auf dem Rückweg wieder auflauerten und ich wieder mal auf dem Asphalt landete, packte ich erst mal fest die langen Schnüre des Beutels. Sprang dann ganz schnell auf. Damit hatten sie nicht gerechnet. Und ich schlug los. Mit voller Wucht. Gleich drauf auf den größten der Jungen. Ich wollte Rache. Wie ein Wahnsinniger drosch ich auf ihn ein. Ich war in Rage. Als dieser zu Boden ging, waren die anderen beiden ziemlich erschrocken. Ich hielt kurz an. Schaute die zwei an. Sie ahnten, dass ich sie nicht verschonen würde. Dann schlug ich so lange mit dem Turnbeutel um mich, bis sie davonliefen. Der Große lag immer noch vor mir auf dem Boden und hielt sich einen Arm vor sein Gesicht und eine Hand vor sein blaues Auge.

»So, Junge«, pfiff ich ihn an, »jetzt sag deinen Freunden, dass sie uns in Zukunft in Ruhe lassen sollen – sonst schlag ich noch mal zu«, und schleuderte drohend meinen Turnbeutel durch die Luft.

»Ja, ja, ist okay«, stotterte er und verschwand. Ich war nicht sehr stolz auf mich. Ich zitterte am ganzen Körper und fing an zu weinen, als von der Bande nichts mehr zu sehen war. Ich brauchte eine Weile, um mich zu beruhigen. Denn wie man sich vorstellen kann, war ich eigentlich kein Freund von gewalttätigen Auseinandersetzungen, nein, ich verabscheute diese sogar. Aber eines hatte ich gelernt. Mit Gewalt kann man Menschen einschüchtern. So hatte ich mein Ziel erreicht. Die Jungens waren weg. Und beeindruckt. Wie sehr, konnte ich am frühen Abend erleben, als der größte von ihnen mit seiner Mutter vor unserer Tür stand.

Meine Mutter rief mich zu sich. Der Ton in ihrer Stimme machte mir Angst. Oh, bitte! Keinen Ärger bitte. Dachte ich noch. Der Junge war aber gar nicht gekommen, um sich über sein blaues Auge zu beschweren, sondern um sich im Beisein seiner Mutter bei mir für sein schlechtes Verhalten an den Vortagen zu entschuldigen. Ab da konnten Michael und ich wieder ohne Angst den täglichen Heimweg von der Schule antreten. Die Jungs grüßten sogar freundlich, wenn wir ihnen begegneten.

Eine Beichte bringt zehn Vaterunser und sonst nichts

Inzwischen hatte ich auch die Angebote der katholischen Kirche ausgelotet, um die Wochenenden nicht zu Hause verbringen zu müssen. Am sichersten war die Gruppe der Messdiener. Nach längerer Vorbereitung kam kurz vor den Sommerferien der Sonntag meines ersten Einsatzes. Selbstverständlich wollten sich meine Großeltern den feierlichen Moment nicht entgehen lassen und standen stolz vor der Kirche. Das Haus war auch an diesem Sonntag gut gefüllt.

Ich klopfte nervös an die Tür der Sakristei, des Raumes, zu dem nur der Pfarrer und die Messdiener Zutritt hatten. Das erste Mal das Messdienergewand, das erste Mal dem Militärpfarrer in der Messe helfen. Als der Organist den ersten Ton anschlug und die Kirchenglocken mit dem letzten Schlag den Beginn des Gottesdienstes ankündigten, marschierten wir ein.

Ich trug das Glöckchen, das den Einzug des Pfarrers ankündigte. Als ich es erklingen ließ, kniete die gesamte Gemeinde nieder. Fand ich bewegend. Ich musste mich ganz schön konzentrieren, um nicht auf den Saum des Messdienergewandes zu treten. Der Weg zum Altar war lang und mühsam. Als wir endlich auf den Bänken knieten, gab ich alles, um nicht in die Gesichter der Gottesdienstbesucher zu sehen. Ich war schon nervös genug. Hätte ich es mal getan. Dann wäre mir vielleicht auch aufgefallen, dass meine Großeltern versucht haben, mich auf einen Fehler hinzuweisen. Während meine Kollegen ganz ordentlich vor dem Altar knieten und ihren Oberkörper dabei senkrecht hielten, saß ich mit den Pobacken auf meinen Fersen. Was für eine Blamage! Darauf wurde ich sogar nach dem Gottesdienst noch angesprochen.

Meine Großeltern fuhren nach Hause, ohne vor der Kirche gewartet zu haben. Ob sie sich so für mich geschämt hatten? Nur meine Mutter stand vor der Tür, nahm mich bei der Hand. Und ich hatte das Gefühl, ich müsste mich bei allen Kirchenbesuchern entschuldigen. Schrecklich. Der erste Dienst als Messdiener, und dann gleich so was.

Der nächste Einsatz kam mir vor wie eine Chance, alles wiedergutzumachen. Ein Messdienerkollege hatte sich beim Spielen verletzt, und es wurde ein Vertreter für eine Beerdigung gebraucht. Nachdem ich meinen Dienst diesmal genau nach Protokoll und zur vollsten Zufriedenheit der Gemeinde ausgeführt hatte, ließ ich mir etwas mehr Zeit für das Umkleiden in der Sakristei. Der Pfarrer starrte mich an. Mist, das hatte ich vergessen. Er sah meine blauen Flecken. Hoffentlich sagte er jetzt nichts.

Erst nachdem die beiden anderen Messdiener den Raum verlassen hatten, sprach er mich an: »Markus, wo kommen denn die vielen blauen Flecke her?«

Ich merkte, wie ich rot wurde. Ich schämte mich. »Vom Fußballspielen, ich bin da sehr ...« Ich redete einfach nicht weiter, zog mich fertig an und ging. Er ließ mich in Ruhe.

Doch die Frage des Pfarrers blieb mir im Kopf. War das echtes Interesse? Konnte er mir vielleicht helfen? Um das herauszufinden, ging ich zwei Tage später zu ihm in die Kirche und beichtete. Schließlich durfte er nichts von dem, was ich ihm beichtete, weitersagen. Beichtgeheimnis und so. Mein Vater würde also nichts erfahren. Also setzte ich mich in den Beichtstuhl. Und kurz drauf öffnete sich auch schon die Klappe.

»Was hast du mir zu beichten, Junge?«, hörte ich die Stimme des Pfarrers. Darauf antwortete ich zunächst wie üblich: Meiner Mutter eine freche Antwort gegeben. Streit mit meinen Brüdern. »Und dann ist da noch eine Sache, über die ich mit Ihnen sprechen möchte«, kam ich zaghaft zum Wesentlichen.

»Um was geht es denn?«

»Sie haben mich doch vor kurzem auf meine blauen Flecken angesprochen. Können Sie sich daran noch erinnern?«

»Ja, selbstverständlich«, antwortete er in einem sanften, verständnisvollen Ton.

»Ich habe Sie dabei angelogen«, beichtete ich.

»Warum hast du das getan?«

»Ich hatte Angst, Ihnen die Wahrheit zu sagen«, erwiderte ich.

»Aus welchem Grund?«

»Weil mein Vater mich geschlagen hat. Und ich Angst hatte, dass Sie ihm was davon sagen würden, dass Sie ihn darauf ansprechen würden, oder so.«

»Wieso hat dich denn dein Vater geschlagen? Was hast du denn angestellt?«

»Gar nichts. Der braucht keinen Grund. Der schlägt einfach so zu«, antwortete ich wahrheitsgemäß.

»Das kann nicht sein. Du hast bestimmt nicht mitbekommen, was du angestellt hast. Manchmal bleibt dann deinem Vater kein anderes Mittel, um Grenzen aufzuzeigen.«

Ich stockte. Konnte nicht glauben, was er mir da gerade erzählte. Das glaubte er doch selber nicht.

»Ich empfehle dir«, setzte er fort, »die Fehler zunächst bei dir selbst zu suchen, bevor du deinen Vater beschuldigst. Jetzt geh und bete zu seinen Ehren zehn Vaterunser. Dann sei dir vergeben«, schob die Klappe wieder zu und verschwand.

Ich war sprachlos. Wusste nicht, ob ich sauer oder enttäuscht sein sollte – oder traurig. Stumpf leierte ich die Gebete herunter und stapfte dann schnell Richtung Zuhause. Jetzt war ich mir sicher: Von Erwachsenen ist einfach keine Hilfe zu erwarten. Ich musste mir also selbst helfen. Und dafür sorgen, dass ich noch weniger zu Hause war.

Glückliche Tage in Maria Laach und eine gefährliche Nachbarin

Die Kirchengemeinde bot Kindern in den Sommerferien die Teilnahme an einem mehrtägigen Zeltlager mit Wallfahrt und Waldgottesdiensten an. Es gab nur zwei Bedingungen: Man brauchte ein Zelt und musste etwas bezahlen. Da mein Patenonkel Josef neben einem Sparbuch auch noch ein kleines Zweimannzelt zur Kommunion geschenkt hatte, konnte ich mich anmelden. Wir waren fünfzehn Kinder, die gemeinsam zum Kloster Maria Laach fuhren. Auf einer Wiese direkt am See war das Zeltlager aufgebaut. Ein Zeltlager für Messdiener aus ganz Deutschland, aus Luxemburg und aus den Niederlanden. Die Zelte waren schnell aufgebaut und wir sofort unterwegs auf dem Gelände. In der Mitte des Lagers gab es ein Küchenzelt. Drum herum standen viele Tische und Bänke. Am Rande der Wiese gab es Toilettenwagen, Waschbecken und sogar Duschen. Schnell gehen musste es immer. Jede Gruppe hatte genau fünfzehn Minuten Zeit, um sich morgens frisch zu machen. Und hier gab es keine Mama, die die Klos putzte oder Geschirr abwusch. Wir hatten Putz- und Küchendienst. Jeden dritten Tag war auch ich dran.

Am Rand des Geländes befand sich eine Feuerstelle. Treffpunkt für alle Campbesucher jeden Abend. Unvergesslich. Die langen Abende am Lagerfeuer mit Gitarrenmusik und Stockbrot. Da konnte ich die Probleme zu Hause und auch die Ängste und den Ärger endlich mal vergessen. Auch schlafen konnte ich gut. Sogar ohne Licht. Hier kam eben kein brüllender und tobender Vater des Nachts ins Zelt. Ich fühlte mich in der fremden Umgebung mit den eigentlich fremden Menschen so wohl, wie ich mich zu Hause gerne gefühlt hätte. Was meine Mutter im Moment machte? Sie war ja allein mit meinem Vater. Oliver und Wolfgang waren auch ausgeflogen und verbrachten die Zeit bei meinen Großeltern. Ich genoss die Zeit in Maria Laach. Die Zeit im Camp war viel zu schnell vorbei.

Als mir meine Mutter die Haustür öffnete, sah sie komisch aus. Sie hatte ganz viel Schminke im Gesicht. Und trotzdem konnte ich blaue Flecke durchscheinen sehen. Ihre Augen waren rot. Und glasig. Als hätte sie wieder von diesen Tabletten genommen. Ohne die konnte sie schon gar nicht mehr leben. Ich hasste meinen Vater. Abgrundtief. Er zerstörte irgendwie alle und alles bei uns zu Hause.

In der Küche saßen gleich mehrere Damen aus der Nachbarschaft. Sie waren alle hier, um sich von meiner Mutter die Haare machen zu lassen. Auffällig häufig sahen wir unsere direkte Nachbarin. Sie war irgendwie immer da, wenn andere Kundinnen kamen. Meine Mutter und sie hatten sich beim letzten Straßenfest kennengelernt. Seither trafen sie sich fast täglich, und es gab immer was zu reden.

Meinem Vater war diese Frau von Anfang an ein Dorn im Auge, und er machte keinen Hehl daraus. Ich glaube, er hatte Angst, dass meine Mutter auch über ihn und uns reden könnte. Sie war mit einem Polizisten verheiratet. Da lauerte Gefahr. Er ging sie richtig an, sagte ihr ins Gesicht, dass er sie nicht mehr im Haus sehen wolle. Seitdem ging sie immer, kurz bevor er von der Arbeit nach Hause kam. Oder hätte kommen können.

Manchmal beobachtete ich, dass meine Mutter ihr das Geld, was sie gerade verdient hatte, in einem Umschlag anvertraute. Was sie damit bezweckte, erfuhren wir aber erst drei Jahre später.

Eine neue Mitschülerin und eine fast verpasste Deutscharbeit

Die restlichen Ferientage verbrachten Wolfgang und ich auf der Fußballwiese gegenüber dem Lebensmittelladen. In den Mietshäusern der Siedlung wechselten die Mieter sehr häufig. Es gab immer wieder neue Familien, neue Kinder, neue Jungs beim Kicken. Es war auch nichts Besonderes, dass nach den Ferien in der Schule Kinder nicht mehr da waren oder neue eingeschult wurden. Als ich endlich in der vierten Klasse war, kam auch wieder eine neue Schülerin. Sie hatte abrasierte Haare. So wie die Kinder, die von Läusen befallen waren. Sie war dünn. Und ihre Sachen sahen irgendwie so aus, als hätten ihre Eltern nicht viel Geld. Sie setzte sich in die letzte Reihe.

Herr Fischer kam heute ein bisschen zu spät in den Unterricht. Er platzierte einen gefüllten Plastikbeutel auf dem Pult und stellte uns die neue Klassenkameradin vor. Wir schauten sie alle an. Keiner sagte was. Dann wandte er sich dem Plastikbeutel zu. Besser gesagt: dem Inhalt.

»Falls ihr euch fragt, was hier drin ist? Das sind Schulbücher. Bücher, die wir den Kindern leihen, die sie nicht kaufen können. Sie sind Eigentum der Schule. Und jedes Kind, das sie bekommt, verpflichtet sich, sie am Ende des Schuljahres unbeschadet zurückzugeben.«

Vorsichtig packte er die Bücher aus der Tüte. Jetzt waren wir schon in der vierten Klasse. Und hatten noch nie was von der Möglichkeit gehört. Anscheinend konnten sich alle bisher die Bücher leisten. Alle blickten nach hinten. Auf die Neue. Sie musste es sein.

»Komm mal bitte nach vorn!«, ordnete Herr Fischer an. Sie ging nach vorn. Schaute keinen von uns an. War rot geworden. Feierlich sagte er zu ihr: »Hiermit übertrage ich dir die Verantwortung für die Schulbücher und möchte dich bitten, vor deinen Mitschülern zu schwören, dass du diese stets gut behandelst und ohne ein Eselsohr am Ende des Schuljahres an mich zurückgibst!«

Oh, wie peinlich! Er meinte das tatsächlich ernst. Sie guckte auf den Boden. Und durfte sich erst wieder setzen, nachdem sie allen Ernstes einen Schwur abgelegt hatte. Vor der ganzen Klasse. Hoffentlich bekam der nie raus, was bei uns zu Hause los war. Also, ich an ihrer Stelle hätte ab dem Moment keine Lust mehr auf Schule gehabt. Schon mal gar nicht auf diesen Lehrer.

In den ersten drei Schuljahren war das Lernen nicht so schwer. Ich fand es zwar anstrengend, nach den Prügelnächten meine Augen aufzuhalten, aber ich brachte immer noch relativ gute Noten mit nach Hause. Jetzt in der Vierten ging es um mehr. Ich wollte aufs Gymnasium und brauchte dafür einen Notendurchschnitt von 2,3 im Halbjahreszeugnis.

Es war die Nacht vor der entscheidenden Deutscharbeit. Mein Vater war mal wieder nicht direkt von der Arbeit nach Hause gekommen. Wir hatten das Licht angelassen. Und trotzdem konnte ich nicht schlafen. Ich hatte Angst. Doppelt. Vor ihm und vor der Klassenarbeit.

Ich hatte keine Ruhe. Schaute immer wieder auf die Uhr. Irgendwann hörte ich Motorengeräusche vor der Garage. Ich begann zu zittern. Jetzt packte mich die Angst richtig. Der Motor wurde abgestellt. Ich hörte die Autotür. Ich saß starr in meinem Bett. Dann fiel etwas oder wer auf den Boden. War wohl mein Vater. Doch dann waren da noch andere Stimmen. Noch mal eine Autotür! Jemand fragte sehr laut: »Werner? Werner! Ist dir was passiert? Kann ich dir helfen?«,

Nun war die Neugier stärker als die Angst. Ich saß am Fenster und sah in die dunkle Nacht. Da war ja noch jemand. Beide beugten sich über meinen Vater, der reglos am Boden lag. Sofort war die Angst wieder da. Nein, nicht um ihn, vor ihm! Es dauerte etwas, bis sie ihn aufgerichtet und zur Tür gebracht hatten. Irgendwie war ich auch erleichtert und legte mich zurück ins Bett. Immer, wenn er aus der Kneipe andere mit nach Hause gebracht hatte, waren wir verschont geblieben.

Ich schlief dann sogar ein. Plötzlich schreckte ich hoch. Ein fremder Mann stand an meinem Bett. Mein Herz fing an zu rasen. Ich war noch ganz benommen, als ich hörte, wie mein Vater lallte: »Das ist mein Sohn Markus!« Der Mann weckte dann noch Oliver. »Ach ja, das ist mein Jüngster!«

»So! Und jetzt stell ich euch noch meinen Ältesten und meine Frau vor«, fuhr mein Vater seine Führung durchs Haus fort. Wir konnten beide gar nichts sagen. Oliver und ich schauten uns nur kurz an, deckten uns wieder zu, drehten uns um und versuchten wieder einzuschlafen. Oliver atmete schnell wieder regelmäßig. Für mich war alles wie ein Traum. Na, wenigstens hatte er uns nicht geprügelt. Das war ja schon mal was. Erwachsene sind wirklich komisch, dachte ich noch und nickte dann wieder ein.

Am nächsten Morgen verschliefen wir. Aber alle! Als meine Mutter hektisch in unser Zimmer kam, war es schon so spät, dass ich zu spät zur Schule kam. Es war mittlerweile zehn nach acht, und der Unterricht hatte bereits begonnen, als ich an der Tür zur Klasse vorsichtig klopfte. Die Deutscharbeit war schon in vollem Gange. Ich klopfte und wagte auch erst, die Tür zu öffnen, als ich das »Herein!« von Herrn Fischer hörte.

»Tut mir leid, ich habe verschlafen.« Schuldbewusst schlängelte ich mich zu meinem Platz. Die anderen waren schon so vertieft, dass sie sich nicht stören ließen.

»Tja, dann hast du eben weniger Zeit als die anderen. Dann sieh mal zu, wie du damit zurechtkommst. Wer zu spät kommt, den bestraft das Leben«, sagte Herr Fischer zu mir.

Ich schaute ihn verlegen an, nahm das Aufgabenblatt und legte los. Herr Fischer hatte einen schlechten Tag. An den meisten Tagen war er nett und freundlich zu uns. Aber mitunter war er auch extrem genervt. Und dann kam es schon mal zu cholerischen Anfällen. Schon aus Angst vor so was konnte ich erwachsenen Männern an der Nasenspitze ansehen, was für eine Laune sie hatten. Kannte ich ja von meinem Vater.

Väterlicher Fahrdienst im Fußballverein

Ich machte auch bei so manchen Sachen mit, die mir nicht gefielen. Nur um keinen Ärger zu bekommen. Wenn ich nur an die Lieder denke, die wir singen mussten. Auf der Weihnachtsfeier zum Beispiel sollten wir Lieder singen, die Türken beleidigten. Ich fand das doof. Wir sollten nur den katholischen Glauben gutheißen, alles andere sollten wir schlecht finden. Wirklich bewusst war mir das damals nicht.

Doch im Nachhinein erinnere ich mich an geradezu rassistisches Gedankengut.

Im Fußballverein war das alles anders. In unserer Mannschaft war es egal, woher du kamst oder an welchen Gott du glaubtest. Oder ob deine Eltern Geld hatten oder nicht. Vielleicht habe ich mich deshalb dort wohler gefühlt. Selbst starker Regen oder gar Schneefall konnte mich nicht davon abhalten zu trainieren. Anfang Februar war auch endlich die Winterpause zu Ende, und selbst wenn Schnee lag, gab es die ersten Spiele.

Für die Auswärtsspiele gab es einen kleinen Bus, in den aber nur acht Spieler passten. Deshalb wurde ein Elternfahrdienst eingerichtet. Jede Familie war zwei Mal im Jahr dran. Nun stand das Spiel an, zu dem mein Vater uns fahren sollte. Nach dem gewonnenen Spiel im Hunsrück saßen wir mit vier Kindern der Mannschaft im Auto meines Vaters. Erst lieferte er den Jungen ab, der in Cochem wohnte. Dann fuhr er Richtung Brauheck. Mir war kalt. Ich war müde. Wir freuten uns schon alle auf zu Hause. Doch wie sich bald rausstellte, hatte mein Vater ein anderes Ziel. Er hielt vor einer Kneipe an.

»Bin gleich wieder zurück, Jungs«, sagte er und ließ uns im Auto zurück.

Wir wussten nicht so recht, was das sollte. Also warteten wir. Zehn Minuten. Zwanzig Minuten. Langsam wurden wir unruhig. Dreißig Minuten.

»Kannst du nicht mal gucken gehen?«, fragte der Erste. Ich ging. Als ich die Kneipentür öffnete, sah ich ihn auch schon vor Bier und Schnaps sitzen. Das war sicher nicht sein erstes Gedeck. Ich zuckte. Jetzt hieß es: Vorsicht! Noch hatte er mich nicht gesehen. Es lief Musik.

»Könntest du bitte austrinken, uns wird so langsam kalt im Auto«, sprach ich ihn von der Seite an.

»Ach!«, tat er überrascht. »Euch hab ich ja schon ganz vergessen.« Er wedelte mit der Hand. »Na, dann hol die Jungs mal rein! Ich lad euch ein. Auf 'ne Cola und 'ne Tüte Chips.«

Ich hatte Angst, ihm zu widersprechen, und trottete gehorsam zum Auto. Meine Freunde waren nicht begeistert.

»Los, kommt, wenn es dann schneller geht«, sagte einer. Wir gingen rein. In Windeseile hatten wir Chips und Cola verzehrt. Doch bevor wir etwas sagen konnten, hatte mein Vater schon die zweite Tüte nachgelegt. Die war genauso schnell weg wie die erste. Und jetzt? Die Jungs wurden langsam ungeduldig.

»Spielt doch noch ein paar Spiele am Kicker, bis ich mein Bierchen ausgetrunken habe.« Er drückte uns eine Mark in die Hand. Das brachte ihm Zeit. Während der ersten Spiele fiel es uns gar nicht so auf, wie viel Zeit vergangen war. Aber als die Mark verspielt war, fingen die Jungs an zu quengeln. Alle Versuche meines Vaters, sie mit irgendwas zu bestechen, liefen ins Leere.

Ich dagegen wusste inzwischen gar nicht mehr, ob ich überhaupt nach Hause wollte. So betrunken, wie mein Vater schon wieder war. Meine Freunde wussten ja nicht, was mich da zu Hause erwartete! Die hatten gut reden.

»Gut, Jungs, ich trinke schnell aus, dann fahren wir«, hörte ich meinen Vater sagen. Er setzte das Glas an, trank es aus. Und bestellte sich noch einen Schnaps.

»Jetzt reicht's aber!«, sagte einer der Jungs, und wir verließen protestierend die Kneipe. Irgendwie hatten wir gehofft, dass er sich dadurch zum Losfahren bewegen ließe. Fehlanzeige. Ich schämte mich, war sauer, hatte Angst. Dann kam mir eine Idee. Ganz in der Nähe wohnte doch meine Tante. Ich lief zu ihrem Haus und wollte sie fragen, ob ich die Eltern von einem der Jungs anrufen kann. Die sollten uns abholen. Der Plan ging aber nicht auf. Meine Tante geriet über das, was ich ihr erzählte, so in Rage, dass sie mich an der Hand packte und mit mir zur Kneipe rannte.

»Ihr wartet im Auto!«, sagte sie bestimmt, ließ uns in den Wagen einsteigen und stürmte ins Lokal. Ich weiß nicht, was sie da gemacht hat, aber mein Vater stand wenige Minuten später vor der Tür. Er musste sich am Geländer abstützen, um heil die Treppe herunterzukommen. Als einer der Jungen das sah, stieg er sofort aus dem Auto und rannte zur nächsten Telefonzelle. Wie er nach Hause gekommen ist, weiß ich nicht. Der andere Mannschaftskamerad und ich warteten still, bis mein Vater sich ans Steuer setzte und uns langsam fahrend zurück in die Siedlung gebracht hatte. Nie wieder tauchte der Name meines Vaters auf der Fahrerliste des Vereins auf.

»Schnell! Einen Arzt!«

Der Wechsel von der Grundschule in die gemeinsame Orientierungsstufe in Cochem gelang mir trotz der nächtlichen Eskapaden meines Vaters. Seither war der Schulweg ein bisschen anstrengender, weil der Weg von der Bushaltestelle aus dem Moseltal zur Reichsburg steil anstieg. Wie schon den Weg zur Grundschule ging ich auch diesen Weg Tag für Tag zusammen mit Michael. Gleich in der ersten Woche kamen wir zweimal zu spät, weil Michael auf dem Weg Nasenbluten bekommen hatte.

Der Lehrer zeigte Verständnis und verzichtete auf Strafen, ja sogar einen Klassenbucheintrag. Einige Mitschüler fanden das allerdings nicht witzig. Ob sie sauer waren, weil wir ungestraft davonkamen, oder sich über Michaels Schwächeanfälle lustig machen wollten, wusste ich nicht. Auf jeden Fall hatten sie es in den Pausen auf ihn abgesehen. Mir war das alles ein bisschen zu viel. Ich war in dieser Zeit ohnehin ganz schön durch den Wind. Mein Vater trank immer mehr, und seine nächtlichen Ausraster konnte ich nur noch schlecht ertragen. Sie waren einfach anstrengend. Und nun obendrein zusehen zu müssen, wie Michael einfach nicht gesund und immer schwächer wurde, setzte mir arg zu.

Wir waren noch keine zwei Wochen in der neuen Schule, als Michael auf dem Hinweg zusammenklappte. Es war wie verhext, keiner war in der Nähe, kein Telefonhäuschen zu sehen. Michael blutete wieder aus der Nase. Was sollte ich bloß machen? Ich zog schnell meine Jacke aus, schob sie unter seinen Kopf und rannte dann los. Richtung Schule. Der Weg zum Sekretariat fühlte sich unendlich lang an. Ich hatte Angst.

»Schnell! Einen Arzt!«, schrie ich. »Michael liegt auf dem Bürgersteig. Ich hab Angst, dass er stirbt. Er blutet ganz doll aus der Nase.«

Sofort rief die Schulsekretärin den Notarzt. Sie fragte noch irgendwas, aber ich habe nichts mehr gehört. Ich war schon wieder auf dem Weg. Ich rannte, so schnell ich konnte, zurück zu ihm. Michael war bewusstlos und blutete immer noch heftig aus der Nase. Was sollte ich denn bitte tun?

Ich fing an zu heulen. Ich setzte mich neben ihn und wischte ihm behutsam mit meinem Taschentuch das Blut aus seinem Gesicht. »Werd wach, Michael! Bitte!«, sagte ich immer wieder. Irgendwann hörte ich die erlösende Sirene, dann sah ich auch das Blaulicht. Der Krankenwagen kam irre schnell. Der Notarzt sprang aus dem Wagen und untersuchte Michael. Er schaffte es auch, dass Michael die Augen wieder aufmachte. Gott sei Dank.

Ich durfte mitfahren zum Krankenhaus. Michaels Eltern warteten in der Notaufnahme schon auf uns. Die Schule hatte sie angerufen. Allerdings sollten sie mich bitte zurückschicken. Das sagte mir Michaels Vater, als er uns in Empfang nahm. Ich erzählte ihm noch kurz, was passiert war. Er bedankte sich und drückte mich kurz.

Ich ging zu Fuß zurück zur Schule. Das dauerte. Ich kann mich nicht erinnern, warum. Aber es dauerte.

Am Nachmittag erfuhr ich, dass er wieder in die Uni-Klinik nach Mainz verlegt worden war.

»Der schlägt uns hier noch tot!«

Wolfgang besuchte die Realschule im selben Gebäude. Freitags trafen wir uns nach dem Unterricht und gingen gemeinsam zum Büro meines Vaters. Der Unterricht endete bereits um halb eins, der Bus fuhr aber erst eine Stunde später. Deshalb hatte mein Vater die Aufgabe, uns mit heimzubringen. Wenn wir dort auftauchten, hatte das Team vom Bauamt meist schon ein bis drei Feierabendbiere auf. An diesem Tag hatte ein Kollege meines Vaters noch zwei Schnapsflaschen springenlassen, und so waren alle schon bester Laune, als wir das Amt betraten. Wir sahen unseren Vater. Ein Blick reichte, und wir wussten: Der hat den Kanal schon wieder voll.

Als er uns erblickte, wies er uns umgehend an, im Auto zu warten. Freundlich noch, wie immer, wenn andere dabei waren. Dann spielte er gerne mal den guten Vater. Und das auch überzeugend. Ich glaube nicht, dass auch nur einer von seinen Kollegen ihm zugetraut hätte, dass er uns und seine Frau so maßlos verprügelt.

Wenn wir später irgendwann mal wagten, mit anderen über seine Ausraster zu reden, hörten wir immer wieder: »Ach komm! Das kann gar nicht sein! Der ist doch immer so nett!«

Das war ungefähr so schlimm, als hätte man uns direkt ins Gesicht geschlagen.

An diesem Freitag hatten wir auf das Theater keine Lust und fuhren mit dem Bus heim. Wir dachten uns auch nichts weiter dabei. Wir waren noch zum Fußball verabredet und wollten das keinesfalls verpassen. Zu Hause angekommen, schmissen wir die Ranzen in die Ecke, zogen uns um und gingen kicken.

Als wir abends wieder nach Hause kamen, wartete unsere Mutter schon mit dem Abendessen auf uns. Wir aßen gierig unsere Suppe, nahmen sogar noch nach, so viel Hunger hatten wir.

»Ist Papa gar nicht da?«, fragte Wolfgang.

»Siehst du doch!«, antwortete meine Mutter.

»Nee, ich meine: Ist der überhaupt schon wieder da?«

»Nein!«, sagte meine Mutter nur. Als wäre ihr das egal. Wahrscheinlich hatte sie wieder ihre Pillen geschluckt. Schlagartig bekam ich schlechte Laune und Angst. Es ist wirklich schwer zu beschreiben, was mich so ereilte, wenn ich ahnte, was auf uns zukommen könnte. Wir kannten ihn ja gut genug. Und Wolfgang und ich wussten, wie er schon mittags drauf war. Dieser Tag drohte kein gutes Ende zu nehmen. Meine Mutter blieb mit ihren Schlagern und ihren Pillen in der Küche, wir Kinder zogen uns in unsere Zimmer zurück, spielten Mensch-ärgere-Dich-nicht oder versuchten, uns anderweitig abzulenken. Das gelang aber nicht so ganz. Jeder von uns hatte Angst. Jeder. Und jedes Geräusch versetzte uns in Angst und Schrecken.

Für diese Nacht entschieden wir, alle in einem Zimmer zu schlafen. Wir schlossen die Tür ab, ließen das Licht an und schoben noch den Kleiderschrank vor die Tür. Bis heute ist es mir ein Rätsel, ob unseren Freunden oder Gästen wirklich nie auffiel, dass die Türrahmen unserer Kinderzimmer mehrfach gebrochen und notdürftig repariert waren, oder ob sie sich ihren Teil dachten, aber nichts sagten. Jedenfalls hofften wir, dass der Schrank vor der Tür uns schützen würde.

Ich konnte nicht einschlafen. Keiner konnte einschlafen. Mitten in der Nacht hörten wir, wie mein Vater den Wagen in die Garage fuhr. Das Geräusch kannten wir bestens. Hunde erkennen die Schritte ihres Herrchens im Treppenhaus; wir Kinder kannten das Motorengeräusch des väterlichen Autos. Wir trauten uns nicht ans Fenster. Unsere Mutter nestelte an ihren Haaren herum. Wir saßen starr vor Angst auf unseren

Betten. Jedes Geräusch erkannten wir. Das Türschloss, die Schritte auf der Treppe, die immer näher kamen. Bis zuletzt hatten wir gehofft, er geht vorbei. Keiner sagte was.

Und dann hörten die Schritte vor unserer Tür auf. Hoffentlich hält die Tür. Hoffentlich der Schrank. Vielleicht macht er ja auch nichts. Vielleicht. »Lieber Gott. Hilf uns«, brachte ich nur noch raus. In dem Moment krachte von außen was Schweres gegen die Tür. Sie gab nicht sofort nach. Der Schrank half also. Wir hörten aber unseren Vater draußen toben. Und kurz drauf krachte er samt Tür, Rahmen und Schrank auf den Boden des Zimmers. Wir wichen erschrocken zurück. Er schüttelte sich nur kurz, rappelte sich auf.

»Ha. Das hättet ihr wohl gerne! Nix! Ihr? IHR entkommt MIR nicht!«, drohte er.

Meine Mutter sprang auf und stellte sich zwischen ihn und uns. Er holte aus. Und schlug sie zu Boden. Dann war Wolfgang reif. An den Beinen aus dem Bett zerrte er ihn und ließ ihn in der Mitte des Raumes liegen. Wolfgang blieb still liegen. Dann war ich dran. Raus aus dem Bett gezerrt, neben Wolfgang platziert. Meine Mutter schrie immer wieder: »Nicht auf den Kopf! Werner! Nicht auf den Kopf. Lass die Kinder! Nicht die Kinder!«

Das beeindruckte ihn schon lange nicht mehr. Er schlug, er drückte zu, er quälte. Er trat so heftig gegen meinen Hinterkopf, dass mir das Blut aus der Nase spritzte. Selbst als er das sah, hörte er nicht auf. Er trat weiter zu, schneller und heftiger denn je. Er war wie berauscht und hatte völlig die Kontrolle über sich verloren. Mal wieder.

Irgendwann schnappte er nach Luft, ließ von uns ab und ging plötzlich aus dem Zimmer. Fassungslos blieben wir zurück. Plötzlich war die Angst weg. Und es dauerte eine Weile, bis wir merkten, wie weh das tat, was er uns da gerade angetan hatte.

Wie üblich wurde kein Wort über diese Nacht verloren. Er sprach mit niemandem, und keiner sprach mit ihm. Er war eh damit beschäftigt, einen Kater auszukurieren. Meine Mutter empfing ihre Kundinnen in der Küche, als wäre nichts gewesen. Ich verbrachte den Samstag diesmal bei ihr. Das war ein sicherer Platz. Mein Vater kam nie hier in die Küche, wenn die Frauen da waren. Niemals. Ich half ihr ein wenig, brachte ihr frische Handtücher oder kehrte nach dem Haareschneiden den Boden. Als die zwei Damen dann unter der Trockenhaube saßen, schnappte sich meine Mutter das Telefon.

Sie rief bei ihren Eltern an.

»Mama, bitte!«, hörte ich sie flehen. »Helft mir! Ich kann nicht mehr! Der schlägt uns hier noch tot!«

Ich konnte nicht hören, was meine Oma dazu sagte. Aber es kann nichts gewesen sein, was meine Mutter beruhigt hätte.

»Mama. Ich kann nicht mehr. Ja, ich weiß! Ja, das wäre eine Schande für euch! Ja!!! Nein! Es geht einfach nicht mehr. Denkt doch auch mal an die Kinder!«

Was auch immer die Großeltern gesagt hatten, meine Mutter legte den Hörer auf. Und rief sofort ihre Freundin aus dem Nachbarhaus an. »Kannst du bitte rüberkommen? Ich brauch dich mal hier.«

Irgendeine Antwort. Dann wieder meine Mutter:

»Nein, da brauchst du dir im Moment keine Sorgen zu machen. Der schläft gerade seinen Rausch aus.«

Sie legte auf. Kurz drauf klopfte die Nachbarin am Küchenfenster, meine Mutter öffnete ihr und ließ sie rein. Ich bekam den Auftrag, die Kundinnen unter der Trockenhaube zu beobachten. Falls eine etwas wollte, sollte ich meiner Mutter Bescheid geben. Die zwei verzogen sich in das angrenzende Zimmer. Meine Mutter flüsterte zwar, ich konnte aber ein paar Brocken von dem verstehen, was sie sagte.

»Verprügelt. Schon wieder. Ich muss hier raus«, und so was sagte sie. Und die Freundin sprach dann von Geld und über die Runden kommen und uns Kindern und Zukunft.

»Ja, sicher, doch welche Zukunft haben die denn jetzt? Die sind doch tot, bevor sie die Schule verlassen können«, sagte meine Mutter.

»Gut, Erika, ich helfe dir!«, hörte ich die Nachbarin nur noch sagen, als eine der Hauben so laut zu piepen anfing, dass wir alle erschraken. Meine Mutter, die Damen unter den Hauben, die Freundin und ich erst. Die Trockenzeit war um.

Mütterlicher Nebenverdienst

Für das folgende Wochenende hatte ich mich mit meiner Großmutter in Sehl verabredet. Sie wollte umziehen. Sie hatte in der Altenbegegnungsstätte einen Mann kennengelernt. Inzwischen war sie neunundsiebzig Jahre alt und sorgte für eine Menge Gesprächsstoff, als sie kundtat, dass sie diesen auch lieben gelernt hätte. Nicht nur die Familie war entsetzt, auch die Nachbarschaft tat sich schwer. Ihre Tochter verweigerte dem Mann gar den Zutritt zum Haus. Sie setzte alles dran, dieses »Verhältnis«, wie sie es nannte, sofort zu beenden.

Das Ganze war dann so weit eskaliert, dass meine Oma Hals über Kopf die Entscheidung getroffen hatte, zu dem Herrn in die Wohnung zu ziehen. Einerseits fand ich das doof, weil sie ja eine Art Zufluchtsort für uns war. Auf der anderen Seite fand ich das gut für sie. Ich habe diese ganze Aufregung in der Familie meines Vaters nicht so richtig verstanden. Aber das war ja auch egal. Von ihrer Familie wollte niemand helfen.

Zum Glück hatte ihr neuer Freund auch so viel Hilfe organisiert, dass innerhalb kurzer Zeit die Wohnung unterm Dach geräumt war. Warum sie mich dabeihaben wollte, weiß ich nicht. Als dann alles in dem Keller des neuen Gefährten meiner Oma verstaut war, machte ich mich auch wieder auf den Heimweg. Ein bisschen traurig war ich immer noch. Zeit allein mit meiner Oma war jetzt nicht mehr drin. Schade.

Etwa zeitgleich boten sich meiner Mutter Chancen für Arbeit. Als ich nach dem Umzug nach Hause kam, stand ein großer Wagen mit der Aufschrift OTTO vor dem Haus. Neugierig lauschte ich an der Wohnzimmertür. Ich hörte einen Mann sprechen. Der hielt einen Vortrag über Sammelbestellungen und Verdienstmöglichkeiten. Ganz vorsichtig drückte ich die Klinke herunter und öffnete die Tür einen Spalt. Ich sah den Mann in seinem schicken Anzug zu meiner Mutter und ihrer Freundin sprechen.

Ich schlüpfte durch die Tür leise ins Wohnzimmer hinein. Der Mann ließ sich nicht stören. Er ging zu seinem Aktenkoffer und zückte ein paar Werbegeschenke. Luftballons und Kartenspiele. Nicht schlecht. Aber um mit denen spielen zu können, ohne dieses Treffen zu stören, musste ich raus aus dem Zimmer. Na, wenn er das mal nicht bezweckt hatte. Ich verzog mich in die Küche.

Eine Stunde später verließ er das Haus, und ich hörte nur noch ein: »Schlafen Sie mal eine Nacht darüber! Und wenn Sie den Vertrag morgen immer noch unterschreiben wollen, rufen Sie mich einfach an.«

Ich ging an die Küchentür. Ich sah noch, wie meine Mutter nickte und den Herrn ungeduldig aus dem Haus schob. Kaum war die Tür zu, räumten sie ganz schnell auf und brachten noch schneller die OTTO-Kartons in den Keller. Bevor ich fragen konnte, was die Hektik sollte, klingelte es schon wieder. Diesmal war es ein Vertreter der Firma Vorwerk. Der pries, kaum hatte er den ersten Kaffee getrunken, die neuesten Modelle der Klopfsauger an und versuchte, den Frauen die Vorzüge des Verkaufs auf Provisionsbasis näherzubringen. Vielleicht hatte der auch ein paar Werbegeschenke? Diesmal war ich nicht leise, als ich in die gute Stube ging. Es klappte. Auch dieser Mann wollte mich loswerden.

Im Gegenzug bekam ich gleich mehrere Fußbälle und Kartenspiele.

Bis zum späten Abend hatten meine Mutter und ihre Freundin unzählige Termine abgearbeitet. Sie sortierten jetzt ganz in Ruhe die vorgelegten Verträge. Zu befürchten hatten sie an diesem Wochenende nichts. Es war das einzige im Jahr, von dem wir wussten, dass er sicher nicht nach Hause kommen würde. Ganz sicher nicht. Mein Vater war auf der Jahreshauptversammlung des Taubenvereins.

Nach einigem Hin und Her entschied sich meine Mutter für die Provisionstätigkeit beim Versandhaus OTTO. Fast täglich lieferten sie Pakete an unsere Adresse. Und kaum war der Lastwagen wieder weg, standen auch schon die Nachbarinnen vor der Tür, um ihre ersehnten Waren abzuholen. Meinem Vater gefiel das Treiben gar nicht. Ihm passte es nicht, dass so viele Menschen durch unser Haus gingen. Er ahnte vielleicht auch, welche Freiheit seine Frau mit dem Geld erwarb. Wer weiß das schon? Lautstark ärgerte er sich vor allem über die höhere Telefonrechnung. Die sorgte jeden Monat für Streit. Jeden. Bis der alte Herr mit einem Schloss an der Wählscheibe dafür sorgte, dass ohne seine Genehmigung keiner das Telefon benutzen konnte. Meine Mutter telefonierte seither bei der Freundin im Nachbarhaus.

Abschied von Michael

Ich war inzwischen in der sechsten Klasse. Anhand der Noten im Halbjahreszeugnis entschieden die Lehrer, ob ich aufs Gymnasium oder auf die Realschule kam. Ich wollte unbedingt die Empfehlung fürs Gymnasium. Um jeden Preis. Das hatte ich schon am Ende der Grundschule gewollt. Nach den Sommerferien startete ich mit guten Zensuren. Bis zu den Herbstferien war alles prima. Inzwischen war es Mitte Oktober. Es regnete, als ich das Haus verließ, um zur Schule zu gehen. Ich ging allein. Michael war für diesen Tag entschuldigt, um eine wichtige Nachuntersuchung am Universitätsklinikum in Mainz über sich ergehen zu lassen. Er hatte diesmal nicht so viel Angst. Nach den letzten Therapien sah es wirklich so aus, als würde er gesund. Irgendwie waren alle zuversichtlich.

Es klopfte an der Tür des Klassenzimmers. Die zweite Stunde lief. Die Schulsekretärin bat mich zum Direktor. Sofort sollte ich kommen. Buuh. Was hatte ich denn ausgefressen? Die letzten Tage liefen vor mir ab. Mir fiel nichts ein. Sie war so bedrückt. Was war denn passiert? War was mit meinen Eltern? Mit meiner Mutter vielleicht? Hatte mein Vater ihr was getan?

Oder mit Oliver? Irgendwas Schlimmes musste es sein. Sonst redete die Sekretärin immer viel. Und heute sagte sie gar nichts. Mir war mulmig. Der Direktor stand schon in der offenen Tür und schaute wirklich betreten. Oh Mann, dachte ich. Er bat mich, Platz zu nehmen. Er sagte nichts, solange ich nicht saß. Erst dann legte er los.

»Markus!«, sagte er sehr ruhig. »Michaels Eltern haben mich gerade ...«

Der Rest verhallte. Ich hörte nur »Michael«.

»Was ist mit ihm?«, fragte ich aufgeregt. »Was ist mit ihm?« Mir liefen sofort die Tränen. Ich sprang vom Stuhl auf.

»Michael geht es sehr schlecht.« Ihm fiel das auch nicht leicht, das merkte ich. Ich setzte mich wieder hin. Ließ mich gegen die Lehne fallen und schnappte nach Luft. Michael! Oh nein. Es war doch alles so gut.

»Was ist mit Michaels Vater?«, wollte ich wissen. In dem Moment klingelte das Telefon, und er war dran. Das konnte ich hören.

Nachdem er aufgelegt hatte, sagte der Direktor. »Michaels Eltern fahren jetzt wieder nach Mainz ins Krankenhaus und möchten dich gerne mitnehmen.« Ich muss ihn fragend angeschaut haben. »Also, du kannst das gerne machen. Sie holen dich jetzt ab. Ich sage deinen Eltern Bescheid. Mach dir keine Sorgen um die Schule. Ich stelle dich einfach die nächsten Tage frei. Falls du das möchtest, natürlich.«

Klar wollte ich. Ich wollte Michael sehen. Der Direktor war selbst ganz fertig. Dann ging alles ganz schnell. Ich habe noch selbst vom Schulbüro aus bei meiner Mutter angerufen. Und in der Zeit müssen Michaels Eltern auch schon losgefahren sein. Ab da machte ich alles wie automatisch. Ich holte meine Tasche aus dem Klassenzimmer, schaute niemanden wirklich an, ging zum Schuleingang und stieg zu Michaels Eltern ins Auto. Michaels Mutter sagte keinen Ton und starrte aus dem Fenster. Die ganze Fahrt lang. Ich saß hinten. Schaute immer wieder zwischen den beiden hin und her. Wusste nicht, ob ich heulen sollte oder nicht. Ich machte einfach nichts. Michaels Vater konzentrierte sich auf das Fahren, hielt das Lenkrad fest, schaute immer mal wieder zu seiner Frau. Hin und wieder trafen sich unsere Blicke im Rückspiegel. Also, ich sag mal nichts, beschloss ich. Die sind schon traurig genug.

Das Auto parkte er vor dem Krankenhaus. Michael lag auf der Intensivstation der Klinik. Wir durften ihn nur durch eine Glasscheibe sehen. Er schlief. Sein Atem war regelmäßig. Er hatte eine Maske auf dem Gesicht. An seinem Oberkörper klebten Drähte. Monitore zeichneten irgendwelche Kurven. Ich drückte mir die Nase platt an dem Fenster. Fühlte sich so an, als wenn ich Michael dann näher wäre. Meinem Fastbruder. Quasibruder. Seine Eltern waren gerade beim Chefarzt. Und plötzlich wachte er auf. Ich lächelte ihn an. Und tatsächlich, er lächelte sogar zurück. Ihm fielen aber die Augen auch direkt wieder zu.

Mir fielen plötzlich so viele Situationen ein, in denen ich

ihn beschützt hatte oder wir zusammen unterwegs waren. Wie gerne schleuderte ich jetzt einen Turnbeutel mit Coladose, um diese Krankheit zu verjagen, oder stritt mit anderen, wenn sie Michael ärgerten. Aber diese Scheißkrankheit. Gegen die konnte ich nichts machen. Da half kein Grübeln, kein Plan, keine Prügel. Nichts. Einfach nichts. Jetzt konnte ich nur noch tatenlos zusehen, wie die Maschinen um ihn herum arbeiteten. Ich betete.

Michaels Eltern kamen wieder und hatten beim Chefarzt zumindest erreicht, dass wir, wenn auch mit Schutzkleidung, zu Michael ins Zimmer durften. Seine Eltern gingen um das Bett herum und hockten sich auf der Seite neben ihn, ich saß gegenüber auf einem Stuhl und hielt Michaels Hand. Ganz fest. Und ganz lange. Glaube ich. Die Sauerstoffmaske machte Lärm. Ich sagte nichts. Spürte nur Michaels warme Hand. Irgendwann, gefühlte Stunden später, gab mir Michaels Vater ein Zeichen, mit ihm das Zimmer zu verlassen. Wir gingen in die Kantine. Ich hatte Durst, und ich hatte auch Hunger. Er wohl auch. Wir kauften uns Schokoladenkuchen. Aber beide aßen wir nicht mehr als einen Happen davon. Ich starrte aus dem Fenster.

»Meine Frau und ich würden heute Nacht sehr gern hier bei Michael bleiben«, sagte er plötzlich. »Ich bestelle dir ein Taxi, das dich nach Hause bringt. Okay?«

»Oh nein, bitte nicht! Ich möchte nicht nach Hause. Kann ich nicht auch hierbleiben?«, flehte ich ihn an.

»Sicher kannst du das«, sagte er und streichelte mir über den Kopf. »Sicher. Ich werde aber mit deinen Eltern telefonieren. Wenn die das erlauben, bleibst du. Okay?«

In der Eingangshalle stand ein Münztelefon. Meine Eltern erlaubten es, und wir gingen zurück zu Michael. Der war gerade wach geworden und wurde von einer Krankenschwester gewaschen und versorgt. Deshalb mussten wir vor der Tür warten. Wir gingen auf den Balkon. Die Herbstluft war frisch.

»Meinst du, er schafft es?«, hörte ich Michaels Mutter ihren Mann fragen.

»Schatz, der Junge ist ein Kämpfer. Er hat die letzten Jahre durchgestanden, dann wird er es diesmal auch schaffen«, erwiderte er.

»Doch der Arzt meinte, es geht zu Ende. Oder habe ich ihn falsch verstanden?«, hakte sie nach.

»Wie oft haben die uns das in den letzten Monaten gesagt, und er lebt immer noch. Ich gebe die Hoffnung nicht auf!«, sagte er kämpferisch.

Ich auch nicht, beschloss ich, bevor wir wieder zu Michael ins Zimmer gingen. Der war immer noch wach. Die Schwester hatte ihm die Sauerstoffmaske abgenommen. Sprechen konnte er aber trotzdem nicht. Ich beobachtete seine Mutter und ihn, während sie ihm Fragen stellte, die er mit Augenzwinkern beantworten konnte. Ein Augenschlag war Ja und zwei ein Nein. Sein Vater legte ihm seine Hände mal auf die Beine, mal auf den Arm, mal auf den Kopf. Ich hielt einfach nur seine Hand. Michael war schnell wieder müde. Er nickte einfach wieder ein. Hundemüde, ja, das war ich inzwischen auch.

Mir fielen immer wieder die Augen zu. Und irgendwann war ich halb auf dem Stuhl, halb auf Michaels Bett eingeschlafen. Bis er plötzlich zuckte und gleichzeitig alles an Geräten piepte und dröhnte und leuchtete. Seine Mutter lief sofort in den Gang. Im selben Moment kam schon eine Schwester. Wir mussten raus. Kurz drauf stand der Chefarzt da, und die Tür zum Zimmer schlug hinter ihm zu. Wir hörten, dass sich in dem Zimmer was tat. Wussten aber nicht, was. Wir mussten jetzt sogar aus der Intensivstation raus.

Wir wurden ins Wartezimmer geschickt. Michaels Mutter kam nicht mal bis zur Sitzbank. Sie klappte zusammen. Alles ging ganz schnell. Da sie bewusstlos war, musste sie in die Notaufnahme. Dort wurde sie behandelt und auch wieder wach. Da sie aber eine Infusion brauchte, wurde sie auf die Station unter Michael aufgenommen.

Nachdem das alles geklärt war, gingen Michaels Vater und ich wieder zurück in den Warteraum der Intensivstation. Wir schliefen beide auf den Sitzbänken ein.

»Sie können jetzt kommen, der Chefarzt wartet auf Sie in seinem Büro«, war das Erste, was wir wieder hörten. Ich wusste nicht, wie lange ich geschlafen hatte. Noch gar nicht richtig wach, folgte ich Michaels Vater auf dem Weg zum Büro. Da mussten wir noch mal warten.

»Bis der Arzt Sie reinruft!«, sagte die Stationsschwester und ging zurück ins Schwesternzimmer. Wenige Minuten später öffnete sich die Tür, und Michaels Vater nahm mich ganz fest an die Hand.

»Es ist vielleicht besser, wenn der Junge draußen wartet«, bat der Arzt. Das konnte doch nichts Gutes bedeuten.

»Wie sieht es aus, Markus, möchtest du mitkommen?«, fragte mich Michaels Vater. Ohne groß zu überlegen, bejahte ich. Und wir durften beide mit rein.

»Wir konnten leider nichts mehr für Ihren Sohn tun. Wir haben alles versucht. Die Krankheit war stärker. Um halb sechs heute Morgen ist er verstorben. Das tut uns sehr leid.«

Klar hätten alle damit rechnen müssen. Aber jetzt? Wo er es sagt? Und wo er wirklich gestorben ist? Nein, das durfte nicht sein. Ich fühlte mich so leer. Wollte es auch nicht wahrhaben. Michael war mein bester Freund. Wir durften noch mal zu ihm. Als wir da so am Bett standen und ich sah, wie reglos er da lag, konnte ich mir vorstellen, dass er nicht mehr lebt. Ganz friedlich lag er da, als ob er schläft. Sein Vater hielt noch mal Michaels Hand. Ich hab mich das nicht mehr getraut. Dann gingen wir aus dem Raum.

Erst als wir bei Michaels Mutter im Zimmer ankamen und sie davon hörte, fingen wir alle an zu weinen. Sie hielten mich auch ganz fest im Arm. Michaels Vater brachte mich zurück nach Hause. Ich wusste, dass er wieder ins Krankenhaus wollte zu seiner Frau. Und zwar schnell. Und ich wollte einfach nicht reden, als ich nach Hause kam. In drei Sätzen war alles Wichtige erzählt, und ich verzog mich ins Kinderzimmer, verdunkelte die Fenster und verkroch mich in mein Bett. Ich war traurig. Da überkam es mich noch mal.

Ich heulte, was das Zeug hielt. Aber nicht nur, weil ich traurig war. Ich war auch wütend. Vor allem auf diesen Gott, den ich so oft um Hilfe gebeten hatte. Diesen Allmächtigen, wie er sich nannte, der Michael dann doch nicht geholfen und mich auch im Stich gelassen hatte. Ich schlief durch bis zum nächsten Tag.

Die Schule am nächsten Tag war eine Abwechslung. Schule war besser als zu Hause hocken und sauer auf den lieben Gott sein. Ich hatte allerdings keine Lust auf irgendwas in den folgenden Tagen. Ich spielte nicht Fußball, ich aß schlecht, was vor allem meiner Mutter Sorgen bereitete. Ich war wirklich traurig. Michael fehlte mir. Der Weg allein zur Schule, der Weg zurück allein, das Spielen am Nachmittag oder an den Wochenenden, wenn ich nicht gerade beim Fußball war.

Meine Mutter glaubte, dass mich was Neues etwas ablenken könnte, und erzählte mir von dem Aufruf der Gemeinde Cochem. Die suchten dringend Freiwillige, egal wie alt, die bei den Vorbereitungen und den Arbeiten für einen Waldspielplatz helfen.

Meine Mutter meldete mich dort an. Und ich lenkte mich ab. Dort erinnerte mich erst mal nichts an Michael. Außer dass ich oft an unsere Festung denken musste, an unseren Geheimplatz. Bis zu Michaels Beerdigung gab es da genug zu tun.

Michaels Eltern hatten entschieden, ihr Haus zu verkaufen und wieder in die Heimatgemeinde von Michaels Mutter in den Hunsrück zu ziehen. Deswegen haben sie Michael auch dort beerdigen lassen. Am Tag der Beerdigung sah ich Michaels Eltern das letzte Mal.

Schlimmer denn je

Für mich war dieses erste Halbjahr der sechsten Klasse das heftigste, was ich bis dahin erlebt hatte. Michael fehlte mir, mein Vater trank immer mehr, und entsprechend prügelte er auch noch häufiger. Und noch heftiger als je zuvor. Wie oft hatte er versprochen, dass er nicht mehr trinken wird. Aber es war so, als ob er nach jedem Versprechen, es zu lassen, gerade noch mehr trank. Die Abstände zwischen den Gewaltausbrüchen wurden immer kürzer. Nicht mal mehr tagsüber waren wir vor ihm sicher.

So auch an diesem Freitag in der ersten Dezemberwoche. Wie üblich fuhren wir nach dem Unterricht mit dem Bus nach Hause. Unsere Mutter wartete schon. Wir wollten ins Einkaufszentrum fahren. Wie an jedem ersten Freitag im Monat. Danach noch zu unseren Großeltern, auch wie gehabt. Wolfgang wollte an dem Wochenende dort bleiben und hatte auch seine Tasche schon gepackt. Wir freuten uns alle auf den Ausflug.

Endlich trudelte auch mein Vater ein. Betrunken. War ja klar. Feierabendbier. Allein die gute Stimmung seiner Familie schien ihm auszureichen, um schlechtgelaunt zu reagieren. Das war häufiger so in der letzten Zeit. Als könne er es nicht haben, dass es uns gut ging. Dann musste er uns gründlich die Laune verderben und gab nicht auf, bevor ihm das gelungen war. Diesmal war Wolfgang dran. Er packte sich dessen Tasche, öffnete sie und warf den Inhalt Stück für Stück auf den Boden: »Ah! Tasche packen kannst du also auch nicht! Was willst du denn mit dem ganzen Kram?«

Wolfgang wusste, was mein Vater wollte. Er gab trotzdem kein Widerwort. Das ärgerte meinen Vater natürlich. »Na, dann gucken wir doch mal, ob du denn schon deine Hausaufgaben gemacht hast.«

Er packte ihn am Arm und zerrte ihn die Treppe rauf in Wolfgangs Zimmer. Die Tür klappte zu, und wir hörten nur noch die Schreie meines Vaters. Von Wolfgang hörten wir nichts. Erst mal nicht. Plötzlich ging die Tür auf.

»Du machst das! Jetzt! Keine Diskussionen! Sonst! Bleibst! Du! Hier!«, befahl mein Vater.

»Ich schaffe das doch nie!«, hörten wir Wolfgang sagen.

Wolfgang sollte einen Aufsatz, in dem er einen Fehler gemacht hatte, noch mal komplett neu schreiben. Noch bevor wir losfahren.

»Das ist so unfair!«, schrie Wolfgang. »Das kann ich genauso gut am Sonntag machen!«

Mein Vater blieb in der Tür stehen und schaute zurück ins Zimmer. »Nix gibt's! Du! Bleibst! Hier!«

»Ich bin aber zum Geburtstag eingeladen. Ich muss mit. Bitte!«, flehte Wolfgang ihn an. Mein Vater wusste genau, dass Wolfgang an diesem Wochenende einen guten Freund aus der alten Schule treffen wollte, zu seinem Geburtstag eingeladen war.

»Das interessiert mich nicht! Du machst das hier fertig! Und wenn ich wieder da bin, kontrolliere ich das! Und wehe ...!« Er riss die Hand hoch und drohte ihm noch mal, bevor er die Treppe runterging.

Mein Bruder war echt verzweifelt. »Ich schreib den Aufsatz am Sonntag gleich drei Mal. Versprochen!«, rief er meinem Vater nach.

»Vergiss es, Junge«, antwortete der nur abfällig und ging in die Küche. Kurz drauf kam meine Mutter dort heraus. Ohne einen Ton zu sagen, machte sie sich, Oliver und mich bereit für die Abfahrt. Wolfgang saß heulend auf der obersten Treppenstufe und schaute uns dabei zu. Erst als mein Vater sich die Autoschlüssel nahm, versuchte er es noch mal.

»Das kannst du nicht machen! Bitte! Lasst mich nicht hier! Nicht alleine!«, flehte er. »Ich mach alles. Aber lasst mich nicht hier!«

Mein Vater öffnete die Haustür und befahl uns, sofort ins Auto zu steigen. Selbst meiner Mutter gelang es nicht, ihn umzustimmen. Mittlerweile war mein Bruder in den Flur gelaufen, kniete sich auf den kalten Marmorboden vor der offenen Haustür.

»Nehmt mich mit! Bitte!«, bat er meinen Vater inständig. »Bitte nimm mich mit!«

Mein Vater überhörte das. Er zog einfach an der Tür, um sie zu schließen. Mein Bruder aber warf sich dazwischen. Mein Vater schob ihn zurück in den Flur, schaute ihn derweil nicht mal an. Wolfgang wehrte sich, schrie, drängelte und verhinderte so zumindest, dass er die Tür schließen konnte. Da verlor mein Vater die Fassung. Meine Mutter hatte uns inzwischen auf die Rückbank des Autos verfrachtet. Wir saßen dort, starr vor Angst, und sahen allem wortlos zu. Mein Vater zog Wolfgang an den Haaren durch den Flur, trat ihn zwischendurch und ließ ihn vor der Küchentür auf den Boden fallen. Diesen Moment nutzte mein Vater, schloss die Tür und stieg ins Auto. Meine Mutter sagte nichts. Wie immer.

Ich kann mich nicht mehr erinnern, ob ich es aus Angst oder aus Trotz tat, ob für mich oder für Wolfgang. Auf jeden Fall öffnete ich blitzschnell die Tür.

»Dann will ich auch nicht mitfahren!«, sagte ich nur und flüchtete aus dem Wagen.

Das war zu viel für ihn. Als ich gerade die Haustür geöffnet hatte, erwischte er mich. Er trat dreimal kräftig zu. »Warte ab. Zu dir komme ich auch noch! Darauf kannst du dich verlassen!«, hörte ich noch. Und dass der Motor aufheulte.

Dann war es plötzlich totenstill. Mein Bruder Wolfgang war entsetzt, sauer und traurig. Ich war fassungslos. Das waren ganz neue Dimensionen. Wie schaffte er das nur immer wieder? Uns so den Tag zu verderben! Wolfgang wollte nur noch in sein Zimmer. Ich ging in meins.

Egal, was ich an dem Tag zu machen versuchte, ich hatte die ganze Zeit Angst davor, dass mein Vater nach Hause kommt. Und vor dem, was mich dann erwartete. Er drohte ja nie einfach nur so. Er tat, was er »versprach«!

An dem Abend kam ich glücklicherweise mit ein paar Ohrfeigen davon.

Ein sehr witziger Ratschlag vom Weihnachtsmann

Am Tag darauf stand das letzte Meisterschaftsspiel vor der Winterpause an. Es regnete während es ganzen Spiels. Wir schafften ein Unentschieden, obwohl die gegnerische Mannschaft echt besser spielte als wir. Glück gehabt. Ein Grund mehr, sich auf die Weihnachtsfeier direkt im Anschluss zu freuen. Wie immer versuchte ich, das Umziehen in Gegenwart der anderen zu vermeiden. Die frischen blauen Flecke von den Tritten gestern musste ja auch keiner sehen. An dem Tag war das aber ein bisschen schwierig. So dreckig, wie ich nach dem Spiel war, konnte ich unmöglich zu der Weihnachtsfeier erscheinen.

Ich wartete also, bis auch der Letzte den Duschraum verlassen hatte. Ich zog mich eh schon immer auf der Toilette um. Nicht ohne mir die eine oder andere Frage der Kollegen einzuhandeln. Nichts war für sie selbstverständlicher, als sich in der Umkleide aus- und auch wieder anzuziehen. Die hielten mich für verklemmt. Sollten sie doch. Immer noch besser, als wenn sie mich zu meinen Blessuren befragten.

Mit wem ich allerdings nicht gerechnet hatte, war der Mann vom Vorstand. Der sollte den Weihnachtsmann geben. Und der hatte, wie ich, den Moment abgewartet, bis der letzte Spieler die Dusche verlassen hatte. So ein Mist. Erschrocken schaute ich erst an mir herunter, dann wieder zu ihm. Er hielt die Finger vor den Mund. Sollte wohl heißen, dass ich ihn nicht verraten sollte. Ich nickte zurück und hoffte, dass ihm die blauen Flecken an meinem Körper entgangen waren. Nach der Dusche schnell den Trainingsanzug angezogen und ab zum Mannschaftsheim. Hier saßen die anderen schon an den dekorierten Tischen und warteten auf den Weihnachtsmann. Der ließ auch nicht lange auf sich warten.

Viel mehr als die kleinen Weihnachtstüten interessierte uns allerdings seine Rede. Die wurde nämlich genutzt, um den besten Spieler der Saison zu ehren und den Torschützenkönig. Chancen hatte ich ja. Von ihm dann aber feierlich die Urkunde für den besten Torschützen überreicht zu bekommen hat mich doch überrascht. Ich war stolz. So stolz. Als ich nach der Feier meine Sporttasche geschnappt hatte und mit der Urkunde in der Hand auf dem Weg nach draußen war, hielt mich der Weihnachtsmann auf.

»Du, Markus!« Ich drehte mich erstaunt um.

»Ja?«

»Ich wollte dir nur noch sagen, ich hab sie gesehen, die vielen blauen Flecken.«

Als ich gerade was sagen wollte, hielt er die Hand hoch und sagte nur: »Stopp. Du brauchst nichts zu sagen. Ich kenne mich aus, bin selbst von meinem Vater verprügelt worden.«

»Aber ...«, stammelte ich.

»Mach dir keine Sorgen! Ich sag keinem was. Kannst du dich drauf verlassen!« Er gab mir noch den Rat, in Zukunft gut auf mich aufzupassen, und ging zurück zu den anderen.

»Sehr witzig«, dachte ich kopfschüttelnd. »Das hat mich jetzt richtig weitergebracht. Idiot!«

Ich hatte eh längst den Glauben an Hilfe von Erwachsenen verloren. Wieso versuchte ich eigentlich immer noch, die blauen Flecken zu verstecken? Es war doch eh egal! Und selbst wenn ich nackt durch die Straßen der Stadt gelaufen wäre, hätte sie ja doch jeder Erwachsene ignoriert und nichts getan. Zu Hause angekommen, präsentierte ich meiner Mutter die Urkunde, und sie setzte dann gleich noch einen drauf.

»Wenn deine Schulnoten dann mal genauso gut sind, dann freue ich mich gern.«

Das war mir aber seit den Herbstferien nicht mehr so gut gelungen. Sie müsste am besten wissen, warum.

Seltsamer Besuch im Möbelhaus

Inzwischen war auch der letzte Schultag dieses Jahres vorbei. Weihnachtsferien! Am ersten Morgen weckte uns meine Mutter, kaum dass mein Vater aus dem Haus war. Das war schon komisch. Ließ sie uns doch normalerweise in den Ferien ausschlafen. Dann flüsterte sie auch noch die ganze Zeit, während wir frühstückten. Sie war irgendwie nervös. Wir sollten uns ganz schnell fertig machen, sagte sie. Als wir gerade im Bad waren, klingelte es an der Tür. Neugierig schaute ich durch die Tür. Ich sah unseren Nachbarn, den Polizisten, am Küchentisch sitzen. Er sah aus, als wenn er es eilig hätte, zog nicht mal die dicke Jacke aus.

Meine Mutter drängelte uns. Und als wir dann alle endlich fertig waren, hielt sie uns unsere Jacken hin. Wir zogen sie an, und sie schob uns aus dem Haus in das Auto des Nachbarn. Was für eine Geheimnistuerei!

Eine halbe Stunde später ließ er uns vor dem Möbelhaus raus, in dem meine Eltern die Möbel für ihr Haus erstanden hatten. Ich hatte nur schlechte Erinnerungen an den Ort. Hier stritten sich meine Eltern auch öffentlich. Vor allem, wenn es um die Möbel für uns Kinder ging. Und in der Regel waren alle unzufrieden nach Hause gefahren. Was sollten wir bitte hier?

Meine Mutter sagte nichts. Trotz neugieriger Fragen unsererseits. Sie lotste uns in die Abteilung für Kinder- und Jugendzimmer. Während meine Mutter von einem Verkäufer beraten wurde, testeten wir hüpfend und springend die Betten. Meine Mutter versuchte immer wieder, uns davon abzuhalten. Wir waren aber nicht zu bremsen. Bis sie uns mit der Aussicht auf einen Besuch in unserer Lieblingsbäckerei bestach. Okay, nun benahmen wir uns.

Was auch immer wir aussuchten, meine Mutter winkte ab. Irgendwann bekamen wir mit, dass es irgendwie um Geld ging. Der Verkäufer und meine Mutter tuschelten etwas, und dann gingen wir noch mal los und guckten weitere Jugendzimmer an. Wir wollten nur noch unseren Kuchen und überließen meiner Mutter die Auswahl.

Wozu wir allerdings ein Jugendzimmer mit drei schmalen Betten brauchten, wagte ich nicht zu fragen. Eine Antwort hätte sie uns eh an dem Tag nicht gegeben. Genauso wenig, wie sie uns erzählt hätte, wozu sie ein Schlafsofa und eine Kommode braucht oder wozu sie noch in ein Gardinengeschäft musste. Ohne uns. Nur eines war klar. So nervös und hektisch wie sie war: Von der Aktion hier durfte mein Vater nichts wissen. Sie wollte unbedingt wieder zu Hause sein, bevor er von der Arbeit kam. Der Besuch bei der Bäckerei bot gerade mal die Zeit, den Kuchen auszusuchen. Wir nahmen ihn mit.

Etwa zehn Minuten bevor mein Vater üblicherweise von der Arbeit nach Hause kam, fuhren wir zu Hause vor. Meine Mutter schaute ängstlich in die Garageneinfahrt. Noch kein Auto da. Der Nachbar ließ den Motor laufen, während wir ausstiegen, und fuhr inklusive Mutters Einkäufen direkt wieder weg. Gerade als wir in der Küche den mitgebrachten Kuchen ausgepackt hatten, fuhr mein Vater in die Garage. Ein »Psst!« von ihr reichte.

Zwei Tage später kamen morgens meine Großeltern und holten meine Mutter ab. Sie hatte uns gar nichts gesagt. Meine Großeltern waren nicht so herzlich wie sonst, Und wieder war die Stimmung meine Mutter hektisch.

»Bis später!«, rief sie uns noch zu, als sie aus dem Haus ging. So früh waren sie noch nie hierhergekommen. Und so unfreundlich waren sie auch noch nie zu uns. Komisch. Ich dachte nicht weiter darüber nach. War eh verabredet mit einem Freund, der in der Mietshaussiedlung wohnte. Meiner Mutter hatte ich davon nichts gesagt, zumal sie es nicht gerne sah, wenn ich mich da aufhielt.

Als ich gerade in die Straße einbog, in der er wohnte, sah ich sie. Meine Mutter! Und meine Großeltern! Ich versteckte mich erst mal hinter die Hecke. Was wollten die denn hier? Sie standen direkt vor einem der Mietshäuser. Kurz drauf kam ein weiterer Mann dazu, mit dem sie dann auch noch gemeinsam in das Haus gingen. Wie sollte ich denn da ungesehen vorbeikommen?

Es dauerte geschlagene zwanzig Minuten, bis sie wieder herauskamen. So lange hatte ich hinter der Hecke ausgehalten. Sollten sie mich doch keinesfalls hier sehen. Bei den Asozialen, wie sie sie mitunter auch nannten. Meine Eltern hatten Angst vor schlechten Einflüssen. Sagten sie. Mich interessierte das aber nicht. Ich spielte mit den Jungs Fußball, und das waren meine Freunde, egal wo sie wohnten. Ich gebe zu, ich fand es auch spannend, weil es verboten war. Ich habe es ihnen einfach verschwiegen. So war Ruhe.

Die gefährdete Fahrerlaubnis

Das Weihnachtsfest hatten wir überstanden. Mein Vater musste schon wieder arbeiten, wir hatten noch Ferien. Unsere Großeltern hatten uns Big Jim mit kompletter Ausrüstung geschenkt. Oliver und ich hatten beide einen. Mit allem Drum und Dran. Sogar mit einem Hubschrauber. Die Big Jims wurden unsere Helden. Wir konnten so jeden besiegen, retteten die Welt und verprügelten sogar mal meinen Vater. Im Spiel, versteht sich.

Es war Freitagnachmittag. Unser Big-Jim-Hubschrauber flog gerade durch unser Kinderzimmer, als wir ein Auto mit quietschenden Reifen vor unserem Haus hörten. Sofort landeten wir den Hubschrauber auf dem Schreibtisch und rannten zum Fenster. Von dort aus sahen wir unseren Vater aus dem Wagen springen und in die Garage rennen. Was war da denn los? Mein Vater war eher dafür bekannt, dass er sehr langsam fuhr. So langsam sogar, dass uns manchmal der Schulbus überholte. Wie peinlich. Irgendwas musste passiert sein. Sonst würde er so nicht fahren. Und schon kam ein zweiter Wagen, der hinter unserem Auto anhielt. Der Wagen war am Heck kaputt. Ziemlich kaputt. So aufgebracht, wie der Fahrer das Auto verließ, musste mein Vater der Schuldige gewesen sein. Mein Vater ignorierte ihn einfach. So was konnte er ja gut. Außerdem war er betrunken. Wir konnten das ja erkennen.

Mein Vater ging einfach durch das Tor neben der Garage. Der Mann folgte ihm. Klar! Wir wollten natürlich wissen, wie das weitergeht. Rannten die Treppe runter ins Wohnzimmer und versteckten uns unter der Fensterbank. Wir konnten alles hören, was sie sprachen. Plötzlich rannte mein Vater noch mal um das ganze Haus und kam dann in den Hausflur.

»Bleiben Sie doch stehen«, rief der Mann ihm hinterher. »Soll ich erst die Polizei rufen, bevor Sie mit mir reden?«, rief er genervt. »Oder schaffen wir das so?«

In dem Moment riss mein Vater von innen die Haustür auf und schrie ihn an: »Du kannst doch froh sein, dass ich nicht die Polizei rufe. Du hast doch auf einmal gebremst! Ich konnte doch gar nicht anders! Was hätte ich denn machen sollen? Sag mir das mal!«

Der Mann blieb ruhig. Wieso auch immer. »Sie sind mir doch hinten aufs Auto gefahren. Das ist ja schließlich unstrittig. Oder?«

Mein Vater war entsetzt. »Das haben wir ja gerne, jetzt auch noch die Schuld mir in die Schuhe schieben wollen. Jetzt reicht es mir, ich ruf sofort die Polizei.« Das schrie er so laut, dass sogar meine Mutter aus dem Keller hochkam und wissen wollte, was los ist. Schon auf halber Treppe ahnte sie, dass ihr Mann mal wieder in Rage war. Sie rannte schnell zur Tür und lotste die beiden Männer ins Innere des Hauses. Was sollten denn die Nachbarn denken? Das war immer ihr Satz. Sie hörte sich die Version des Geschädigten an. Besser, sie wollte das. Aber mein Vater schrie immer wieder dazwischen.

»Nein, das war gar nicht so« oder »Sie sind ein Lügner!«.

»Werner, jetzt lass das doch mal«, versuchte sie ihn zu beruhigen. »Der Mann möchte doch nur alles in Ruhe mit dir klären. Es ist doch gar nicht so viel passiert.«

»Halt du dich da gefälligst raus«, schrie er sie an. »Du warst schließlich nicht dabei. Ich hab die Schnauze endgültig voll! Ich ruf jetzt die Polizei.«

So viel verstand ich auch schon: Wenn jetzt die Polizei käme, dann wäre mein Vater seinen Führerschein auf jeden Fall los. Aber der gab keine Ruhe. Schrie meine Mutter an, schrie den Geschädigten an. Fuchtelte mit dem Telefon herum. Dann war plötzlich kurz Ruhe. Irgendwas redeten sie. Ich hörte nur, dass der andere Mann sagte, er wollte gar nicht, dass mein Vater seinen Führerschein verliert. Er wollte nur seinen Schaden ersetzt haben. Das war alles. Ich glaube, der wusste auch, dass mein Vater seinen Schein dringend brauchte.

Mein Vater war zu betrunken, um das zu erkennen. Er nahm das Telefon und drohte ihm damit. Der resignierte nur: »Ja, dann kann ich Ihnen auch nicht weiterhelfen.«

Meine Mutter war kurz aus dem Haus gerannt und brachte den Nachbarn mit zurück. Gerade als mein Vater die Nummer wählen wollte, riss der ihm das Telefon aus Hand. »Gib das sofort wieder her!«, bölkte der nur. »Sonst zeig ich dich auch noch an!«

Unser Vater war vollkommen außer sich: »Das ist ja wohl die Krönung!«

Der Nachbar baute sich unbeeindruckt vor ihm auf und schrie zurück: »Du bist vollkommen verrückt! In deinem Zustand die Polizei rufen? Schau dich doch mal an! Du bist doch total besoffen! Hast du sie nicht mehr alle?«

Stille. Damit hatte der alte Herr nicht gerechnet. Er gab dem Nachbarn den Telefonhörer, und der legte ihn zurück auf die Gabel. Mein Vater starrte ihn noch kurz an. Und dann ging er die Treppe hoch und verkroch sich in seinem Arbeitszimmer.

Meine Mutter kochte Kaffee, während der Nachbar und der andere Mann zu dessen Auto gingen, um den Schaden zu begutachten. Zurück am Küchentisch, einigten sie sich auf hundert Mark. Meine Mutter gab ihm das Geld sofort. Und unser Nachbar blieb so lange bei uns, bis er sicher war, dass uns nichts mehr passieren konnte.

Erst am nächsten Tag hörte ich ihn wieder, als er mit dem Auto aus der Garage fuhr. Kurz drauf stand der Nachbar bei uns in der Tür und wollte von meiner Mutter wissen, wie die Nacht gewesen und ob mit uns alles in Ordnung sei.

»Du glaubst gar nicht, wie dankbar ich dir bin.« Sie lud die zwei auf einen Kaffee in die Küche ein. Oliver und ich saßen im Wohnzimmer.

»Der Werner hat doch vor ein paar Jahren schon mal den Führerschein abgegeben, und beim zweiten Mal wäre es sicher schwieriger geworden«, offenbarte sie den beiden. Potz. Blitz. Das wusste ich ja noch gar nicht. Ich konnte kaum abwarten, bis unsere Mutter uns die ganze Geschichte erzählte.

Es sei während der Bauphase gewesen, erzählte sie. Da

hat er einen Unfall mit einem Polizeiwagen gehabt. Ausgerechnet. Es war anscheinend nicht viel passiert, aber den Polizisten war bei der Kontrolle der Papiere seine Fahne entgegengeschlagen. Statt sich der Sache allerdings zu stellen, nutzte er einen kurzen unbeobachteten Moment, um im Haus seiner Schwester zu verschwinden. So wie wir ihn kannten. Es kam zu einer gewalttätigen Auseinandersetzung – die erst für einen der Polizisten in der Notaufnahme endete, dann auf dem Revier für meinen Vater. Dort musste er sich Blut abnehmen lassen und konnte sich später aus der Ausnüchterungszelle von meiner Mutter abholen lassen. Mein Vater musste nach der Gerichtsverhandlung nicht nur seinen Führerschein abgeben, sondern auch noch monatlich Geld an den Polizisten zahlen, auf den er den bissigen Hund meiner Tante gehetzt hatte. So verlor mein Vater seine Fahrerlaubnis das erste Mal. Das letzte Mal war es nicht. Um das schon mal vorwegzunehmen.

»Endlich können wir was tun«

Das neue Jahr war erst drei Tage alt. Mein Vater war gerade mit dem Wagen aus der Garage zur Arbeit gefahren, als es an die Tür meines Schlafzimmers klopfte. Obwohl wir noch eine ganze Woche Schulferien hatten, weckte uns meine Mutter an diesem Morgen ganz früh. Warum das nun schon wieder? Noch eher schläfrig gelaunt, saßen wir um den Frühstückstisch. Es klingelte an der Tür, und drei Männer in Arbeitsklamotten standen plötzlich im Flur.

»Was soll das, Mama? Was machen die alle hier? Und so früh?«

»Jungs, wir werden heute dieses Haus verlassen!«, sagte sie.

»Wie? Wir? Äh. Und wohin?«, fragten Oliver und ich durcheinander. Wolfgang sagte gar nichts.

»Ich habe eine Wohnung gemietet. In der Siedlung.« Plötzlich wurde mir klar, was die da vor Weihnachten gemacht haben. Meine Großeltern und meine Mutter! Mir wurde ganz anders.

»Unsere Nachbarn sind so nett und helfen uns beim Umzug.« Die wussten alle davon? Und uns hat keiner was gesagt?

»Und wieso wir?«, fragte mein kleiner Bruder.

»Ich halte das hier einfach nicht mehr aus. Euer Vater trinkt und prügelt und schreit. Ich kann euch nicht vor ihm beschützen. Ich kann nicht mehr. Wir müssen hier weg.«

»Aber wieso wir? Warum geht nicht Papa? Und wir bleiben hier?«, wollte Oliver wissen. Wollten wir, glaube ich, alle wissen.

»Weil das nicht so einfach ist«, antwortete sie nur. »Es soll Jahre dauern, bis wir ihn hier raushätten. Und bevor er uns totschlägt, gehen lieber wir. Verstanden?«

»Und was ist mit unseren Sachen?«, quengelte Oliver. Er fragte all die Sachen, die Wolfgang und ich uns nicht trauten zu fragen.

»Jungs. Jeder von euch packt eine große Tasche mit dem, was ihm wichtig ist. Alles andere erledigen wir Erwachsenen!«

Eins hatten wir alle drei begriffen. Zeit für Diskussionen war gerade nicht. Es gab genau sieben Stunden, bis mein Vater wieder nach Hause kam. Bis dahin musste alles, was meine Mutter und wir mitnehmen wollten, gepackt sein. Jeder der Helfer hatte seine Aufgabe. Ich stand nur hilflos vor meinen Sachen und konnte nicht entscheiden, was ich wirklich mitnehmen wollte. Zwischendurch heulte ich mal. Das half aber auch nichts. Erst als Oliver mich bat, noch ein paar von seinen Sachen mit in meine Tasche zu tun, fing ich an zu sortieren. Und einzupacken. Aber erst mal meine Sachen.

Überall im Haus waren Menschen zugange. Packten Geschirr in Zeitungspapier, Bücher und Anziehsachen in Kartons. Hatten die wirklich alle mitbekommen, wie es uns in den letzten Jahren ergangen war? Ich war schon erstaunt, es sah fast so aus, als wären sie froh, dass sie uns an dem Tag da aus dem Haus helfen konnten.

»Sagen Sie mal: Wieso helfen Sie uns überhaupt?«, wollte ich in einer Kaffeepause von einem der Nachbarn wissen.

»Warum ich euch helfe? Das kann ich dir sagen, mein Lieber. Ich habe nicht nur einmal mitbekommen, wie dein Vater euch behandelt! Wie oft sind wir in der Nacht von dem Geschrei wach geworden und haben zuhören müssen, wie er euch verprügelt«, antwortete er.

»Und wieso haben Sie uns dann nicht schon viel früher geholfen?«, fragte ich. Das war die Krönung, da wissen die das alle und tun nichts, dachte ich bei mir.

»Tja, da fragst du was! Das ist eben eine Familienangelegenheit, und da mischt man sich von außen ungern ein. Wir haben auf einen ersten Schritt von euch gewartet. Und ehrlich gesagt, Markus, ich bin froh, dass deine Mutter vor ein paar Tagen kam. Endlich können wir was tun.«

Sechs Autos standen vor der Tür. Und als die alle vollgepackt waren, ging es los in die neue Wohnung. Einerseits wollte ich nicht weg aus unserem Kinderzimmer. Andererseits war ich erleichtert, dass das Drama ein Ende haben sollte. Nie mehr nachts geprügelt werden. Nie mehr zusammenzucken, weil der Vater nach Hause kam.

Schlaf. Tief und fest. Bei unverschlossener Tür

»Wie? Hier sollen wir rein?«, fragten Wolfgang und Oliver zweifelnd. Ich wusste ja schon, wo es hingeht.

»Ja, sollen wir«, sagte meine Mutter nur.

Während wir unser zukünftiges Zuhause das erste Mal betraten, strichen noch zwei Helfer die Wände des kleinen Wohnungsflurs. Als wir an ihnen vorbei waren, wurde erst mal klar, dass es etwas enger werden würde. Es gab eine vergleichsweise kleine Küche, ein kleines Bad und zwei Räume, die vom Flur aus zu erreichen waren. Die Räume waren beide noch leer. Während ich noch darüber sinnierte, welches Zimmer für uns sein sollte, klingelte es an der Tür. Ein Möbelwagen war vorgefahren. Es wurden die unlängst erstandenen Jugendzimmermöbel geliefert. Während wir die Schränke der Einbauküche mit unserem Geschirr füllten, bauten die Möbelpacker den Schrank und die drei Betten im Zimmer gegenüber auf.

So richtig anfreunden konnten wir uns alle drei nicht mit dem Gedanken, jetzt wieder in einem Zimmer leben zu müssen. Meine Mutter gab sich mit der Schlafcouch im Wohnzimmer zufrieden. Das Bad reichte für uns alle, vor allem, wenn wir unsere Zahnputzbecher draußen auf dem Flur in der Vitrine verstauten, wenn wir sie gerade nicht brauchten.

Wir hatten alle das Gefühl, wirklich nur das Wichtigste mitgenommen zu haben. Und trotzdem fühlte sich die Wohnung schon am Nachmittag zu klein an. Zum Glück gab es noch einen Kellerraum. Da verstauten wir erst einmal, was nicht wirklich dringend für die nächsten Tage war. Erst mal ankommen wollten wir. In dem Keller gab es noch einen Gemeinschaftsraum mit Waschmaschine und Trockner. Gott sei Dank.

Als wir endlich allein in der Wohnung waren, merkten wir, dass es doch ziemlich frisch war. Erst da registrierte ich, dass es in keinem der Räume Heizkörper gab. Meine Mutter rief den Hausmeister zur Hilfe. Der erklärte uns dann allen, wie ein Kohleofen betrieben wurde. Der Vormieter hatte glücklicherweise ein paar Kilo Kohle im Keller hinterlassen. Sonst hätten wir in der ersten Nacht ordentlich frieren müssen.

Es war schon aufregend, in den Keller zu verschwinden, Holz zu zerkleinern und die Kohle nach oben zu schaffen. Jetzt verstanden wir auch, warum so viele der Leute aus diesen Häusern beim Einkauf im Lebensmittelladen so hinter den leeren Obstkisten her waren. Ohne ein kleines Feuer mit diesen Scheiten war es nicht möglich, die Kohle oder Briketts zum Glühen zu bringen. Erst wenn der Ofen eine bestimmte Temperatur erreicht hatte, konnte man ihn durch einfaches Nachlegen am Brennen halten.

Nachdem wir also genügend Kleinholz beisammenhatten, öffneten wir die Brennkammer, legten zunächst ein Stück Zeitungspapier und Pappe ein. Daran lehnten wir die kleinen Holzstücke, und erst als ein guter Haufen davon aufgestapelt war, folgten zwei Stücke Kohle. Zuversichtlich zündeten wir das Papier an und beobachteten durch eine kleine Luke, wie sich die Flamme zunächst ausbreitete, dabei entstand eine Menge Qualm.

Vielleicht hätten wir daran denken sollen, die Belüftungsklappe zu betätigen. Dann wären wir nicht fast an dem Rauch erstickt und hätten nicht noch am selben Abend einen Nachbarn kennenlernen müssen. Der erklärte uns alles noch mal genau.

Wir lüfteten die Wohnung, und dann brodelte der Ofen so vor sich hin. Warm wurde es auch. Trotzdem war die Stimmung nicht gut, als wir abends im Wohnzimmer saßen. Wir waren zwar unseren Vater und seinen Terror los, aber dafür hockten wir jetzt eng aufeinander und spürten körperlich den Preis der Freiheit.

Meine Mutter hatte noch immer keinen Zugriff auf das Konto der Familie. Sicher hatte mein Vater geahnt, dass sie das nicht ewig mitmachen würde. Natürlich wusste er, dass seine Frau auf ihn angewiesen war. Und ich glaube fest, er hat das damals genossen. Von Scheidung haben beide nie gesprochen. Behaupte ich einfach mal. Jetzt mussten wir mit dem auskommen, was meine Mutter seit Monaten bei ihrer Freundin deponierte und was uns die Großeltern dazugaben. Die waren inzwischen auch über ihren Schatten gesprungen und sahen über die Exzesse meines Vaters nicht mehr hinweg. Mein Großvater zahlte Miete, Strom und Kohle. Die restlichen Ausgaben, so war jedenfalls der Plan meiner Mutter, sollten durch die Einnahmen aus den Nebentätigkeiten als Sammelbestellerin bei OTTO und den Friseurarbeiten gedeckt werden.

Es war spät geworden an dem Abend. Als wir drei Jungs endlich in unseren Betten lagen, war erst mal Ruhe.

»Was meint ihr, wie der Alte wohl geguckt hat, als er von der Arbeit kam und keinen von uns gesehen hat?«, platzte Wolfgang als Erster mit der Frage raus, die uns sicher alle beschäftigte.

»Ausgeflippt? Und wie! Wir können froh sein, dass wir hier sind und nicht bei ihm«, meinte ich.

»Also, ich glaube, der ist richtig ausgerastet und hat ganz viel kaputtgeschlagen.« Oliver schaute in den Raum.

»Ich glaub, dass der in die Kneipe gegangen ist. Und da besäuft er sich so lange, bis er nichts mehr merkt.« Ich stellte mir das gerade vor.

»Oh ja, und dann findet er im Haus niemanden, an dem er seine Wut ablassen kann«, setzte Wolfgang meinen Gedanken fort. »Wer weiß schon, was da alles dran glauben muss!«

Wie auf Kommando fingen wir alle an schallend zu lachen. Wie froh war ich, dass wir hier zusammen und sicher vor diesem Vater waren. »Jungs«, setzte Wolfgang noch nach, »auch wenn wir jetzt wieder zu dritt in einem Zimmer schlafen müssen, besser als vorher ist es allemal. Aber ich glaube, wir müssen Mama helfen. Sonst schaffen wir das hier nicht«, schwor er uns ein. Ich schlief tief und fest. Im Dunkeln. Und bei unverschlossener Tür.

Neue Nachbarn, neues Leben

Beim Frühstück am nächsten Morgen war ausgelassene Stimmung. Es stand zwar nicht so viel im Kühlschrank wie im Haus, aber das Nötigste auf dem Tisch! Wichtig war nur, dass wir beisammensaßen, ungestört von meinem Vater, ungestört von der Angst.

Es hatte nicht mehr viele gemeinsame Mahlzeiten gegeben. Nur noch, wenn Besuch kam. Dann musste der Schein gewahrt werden. Keiner wollte über die Exzesse meines Vaters oder seine Schmerzen sprechen. Es musste verdrängt werden. Also vermieden wir es, miteinander zu reden. Im Alltag hatten wir uns längst angewöhnt, mit dem Teller voller Essen in unseren Zimmern zu verschwinden oder das Brot zum Frühstück schnell auf dem Schulweg zu verschlingen.

Jetzt, in der neuen Wohnung, wollte meine Mutter gerne, dass wir wieder zusammen am Tisch saßen. Mir tat es auf jeden Fall sehr gut, an diesem Morgen mit allen gemeinsam zu frühstücken. Mann, hatte ich das vermisst. Nach dem Essen halfen wir meiner Mutter, die restlichen Kartons auszupacken und die Wohnung einzurichten. Irgendwann schickte sie uns raus. Es gab immerhin ordentlich Neuschnee. Und wir wollten mal wieder Schlitten fahren.

Irgendwie hatte ich ein komisches Gefühl, als ich das erste Mal das Mietshaus verließ. Ich habe mich tatsächlich umgeschaut. Gehofft, dass mich keiner sieht, der mich kennt. Mich vielleicht sogar geschämt. Ach, ich weiß es nicht.

Mit dem Schlitten machte ich mich auf den gewohnten Weg zum Berg, an dem wir bisher üblicherweise in wilden Abfahrten unseren Tag verbrachten. Da gehörte ich seit gestern eigentlich nicht mehr hin. Dachte ich. Da waren nie Kinder aus den Mietwohnungen. Die trafen sich an einem ganz anderen Hügel. Weit entfernt von den Kindern der Eigenheimbesitzer.

Ich fragte mich tatsächlich gerade, wo ich denn jetzt hingehöre. In dem Moment traf ich einen Freund aus der Fußballmannschaft.

»Hey Markus, Was machst du denn hier? Darfst du das denn?«, lachte er.

Ich überlegte einen Moment, ob ich ihm eine Notlüge auftischen sollte. Ach nee, beschloss ich, nutzt sowieso nichts. Kommt ja eh raus. Und erzählte ihm, dass wir jetzt da wohnten.

»Wie, ihr wohnt nicht mehr in eurem Haus?«

Ich schüttelte mit dem Kopf und zeigte auf unsere neue Wohnung. »Meine Eltern sind jetzt getrennt. Und wir sind gestern da mit unserer Mutter eingezogen.«

»Dann sind wir ja jetzt Nachbarn«, kommentierte er das. »Super, dann komm mit auf unseren Hügel.«

Zusammen zogen wir los und hatten einen wunderbaren Nachmittag auf dem Hügel. Es hatte sich schnell rumgesprochen, was passiert war. Und ich war schnell Teil der Gruppe. Ganz einfach. Irgendwie.

Wir wollten unserer Mutter helfen, so wie wir es versprochen hatten. Als ich nach Hause kam, verstaute ich umgehend den Schlitten, packte mir schon mal den Eimer voller Kohle und nahm den gleich mit hoch in die Wohnung. Einkaufen sollten wir, das erste Mal. Da, wo sie sonst großzügig plauderte und einkaufte, schlich unsere Mutter nun schnell und still hindurch. Überlegte bei jedem Teil, ob es nötig war und ins Budget passte. Diesmal wagten wir nicht, nach Süßigkeiten zu fragen. Nicht mal mit der Kassiererin, der sie einmal im Monat die Haare schnitt, redete sie. Ich glaube, wir brauchten alle erst mal Zeit, um uns an die neue Situation zu gewöhnen.

Am nächsten Wochenende stand ein Besuch bei unseren Großeltern in Bullay an der Mosel auf dem Plan. Bislang hatte uns mein Vater dorthin gefahren. Jetzt standen wir an der Bushaltestelle. Meine Mutter hatte eben keinen Führerschein. Selbst wenn sie einen gehabt hätte, Geld für ein Auto war auch nicht da. Sie hätte ihn gern gemacht in den letzten Jahren. Mein Vater hatte es aber nicht erlaubt.

Erst jetzt fiel uns richtig auf, dass es hier zwar einen Lebensmittelladen und eine Post gab, aber weder einen Arzt noch eine Apotheke. Zu allen größeren Geschäften mussten wir nun Bus und Zug fahren. An den bewährten Großeinkauf am ersten Freitag im Monat war auch nicht mehr zu denken. Getränke und Vorräte günstig einzukaufen war wesentlich beschwerlicher geworden. So ein Auto hatte schon Vorteile, keine Frage.

Der Weg zu den Großeltern dauerte eineinhalb Stunden. Es war zwar spannend, durch den zu der Zeit längsten Tunnel Europas zu fahren, aber es war trotzdem ganz schön lange im Vergleich zu den zwanzig Minuten, die wir für die paar Kilometer sonst mit dem Auto gebraucht hatten.

Trotzdem genossen wir das Wochenende. Zwar wusste auch dort jeder, dass unsere Eltern sich getrennt hatten, und wir wurden auch darauf angesprochen. Aber es fühlte sich nicht so schlimm an wie in Brauheck. Und nachts schliefen wir gut und waren sicher vor unserem Vater.

Vielleicht wäre es einfacher gewesen, an einen anderen Ort zu ziehen. Aber dafür war es jetzt zu spät. Viel zu schnell war es Sonntagmorgen, und wir mussten zurück in die Siedlung. Die Ferien gingen zu Ende, und der erste Schultag stand an. Vollbepackt mit Obst- und Gemüsegläsern, Wurst- und Fleischkonserven fuhren wir zurück in unsere neue Wohnung. Nach zwei Tagen ohne Kohleofen war sie komplett ausgekühlt und die Fenster von innen zugefroren. Wir brauchten schon eine Weile, bis der Ofen wieder bullerte und die Räume so warm waren, dass wir unsere warmen Jacken ausziehen konnten. Gut aufgewärmt gingen wir dann auch schlafen.

Die Ferien waren zu Ende. Der erste Schultag des neuen Jahres begann mit Streit im Badezimmer. Früher hatten wir so viel Platz, dass wir uns alle drei auf einmal im Bad fertig machen konnten. Jetzt mussten wir früher aufstehen und nacheinander ins kleine Bad.

Nach einem kurzen Frühstück verließ ich die Wohnung in Richtung Bushaltestelle. Ich hatte ein doofes Gefühl im Bauch. Hatte irgendwie Angst vor dem, was mich in der Schule erwartete. Meine Mutter hatte mir noch aufgetragen, im Sekretariat meine Adresse ändern zu lassen. Ich hätte das lieber nicht gemacht. Aber das musste man. Ich hätte nie gedacht, dass das so lange dauern würde. Ich hatte mit ein paar Minuten gerechnet. Als ich aber der Sekretärin meine neue Adresse nannte, drückte die mir erst mal mehrere Formulare in die Hand und bat darum, diese von beiden Elternteilen unterschreiben zu lassen.

»Oh nein, wieso das denn?«, fragte ich. Und erzählte ihr, was passiert war.

Das Ergebnis: Ich hatte fünf verschiedene Formulare in der Hand. Ich hörte ihr gar nicht mehr richtig zu, erinnerte nur Worte wie »Scheidungsurteil«, »Sorgerecht« und »offiziell ummelden«. Ich hatte eh keine Lust, mich an dem Tag noch damit zu beschäftigen.

Die ersten Kinder aus dem Neubaugebiet liefen mir über den Weg. Ich hatte Angst davor, dass sie mir Fragen stellen. Ich wollte nicht darüber reden. Deshalb hatte ich seit dem Umzug den Kontakt zu ihnen vermieden. In der großen Pause fragten sie dann aber doch.

Es war gar nicht so schlimm, wie ich dachte. Gott sei Dank. Denn von den Kindern aus der neuen Nachbarschaft waren wenige hier. Und für die Schulzeit war es auch ganz schön, mit den alten Freunden zu tun zu haben.

Auf dem Weg nach Hause traf ich am Busbahnhof auf die Hauptschüler. Als die mich auch noch freundlich grüßten, schauten meine Klassenkameraden irritiert, tuschelten und drehten sich weg. Das hat gesessen. Apropos Sitzen: Im Bus saßen die Hauptschüler hinten und die aus dem Neubaugebiet vorne. Ich setzte mich in die Mitte. Wenn der Bus uns in Brauheck ausspuckte, rannten die Kinder los. Die meisten der Hauptschüler rannten gen Siedlung, der Rest bog ab Richtung Neubaugebiet.

In den ersten Tagen ging ich mit bis zur Ecke Buchenweg und ging dann zurück zu unserer neuen Wohnung. Ob es Gewohnheit war, der Wunsch, wieder zu den Bessergestellten zu gehören, oder ich mich vor den alten Freunden schämte, kann ich heute nicht mehr genau sagen.

Als ich endlich zu Hause ankam, saß meine Mutter weinend am Küchentisch. Einige ihrer Stammkundinnen hatten ihr mitgeteilt, dass sie sich jetzt woanders frisieren lassen. Einfach so. Ohne Begründung. Die ersten Absagen ihrer Stammkunden vom OTTO-Versand-Handel ließen auch nicht lange auf sich warten.

»Ich weiß nicht, wie ich das alles finanzieren soll!«, sagte sie nur noch und schaute dabei aus dem Fenster. Sie hatte fest mit dem Geld gerechnet. Wir auch. Es war noch knapper, als wir dachten.

In der Siedlung gab es für uns Kinder und Jugendliche nicht besonders viele Angebote. Wenn was interessant war, dann kostete es Geld, das wir gerade nicht hatten. Ausgenommen die wöchentliche Filmvorführung im Gemeindesaal der evangelischen Kirche. Die kannte ich ja schon aus der Zeit vor unserem Umzug.

Die Zuschauer durften helfen, den Raum herzurichten,

wenn der Kinobesitzer mit Vorführgerät und Leinwand montags kam. Kino fand ich schon immer gut. Und es machte mir Spaß, mich schon zwei Stunden vor dem Film mit anderen zu treffen, um den Gemeindesaal zu reinigen, zum Schutz des Parketts Teppiche auszurollen und Stühle aufzustellen. Wenn alles vorbereitet war, fuhr meist der alte Filmvorführer schon mit seinem Wagen rückwärts vor die Halle.

Der Filmvorführer war ein komischer Mann. Er rauchte immer. Ohne Zigarette kannten wir ihn gar nicht. Er war immer schlechtgelaunt, wenn er etwas machen sollte, was nicht direkt mit dem Film zu tun hatte. Er tat so, als wenn das Schleppen des Vorführgerätes für ihn zu viel wäre, stöhnte, als wenn er gleich umfallen würde. Und jedes Mal erzählte er uns, dass diese Tour von Koblenz nach Brauheck für ihn viel zu anstrengend wäre und er nicht wüsste, ob er am nächsten Montag noch kommen könnte.

Wir haben immer die Schlepperei des Vorführgerätes übernommen, aus dem Kofferraum in den Saal und nach der Aufführung wieder zurück in den Wagen. Und das alles nur, weil wir Angst hatten, dass er wirklich nicht wiederkommt. Sobald aber alles aufgebaut war und er nur noch die Filmrolle einlegen musste, war er plötzlich entspannt und freundlich. Erst wenn gegen Ende des Films der Abbau anstand, wechselte seine Stimmung wieder. Tja, woanders konnte leider niemand einen Film für fünfzig Pfennig Eintritt sehen. Und der Saal war immer so voll, dass sogar einige der Kinder auf dem Boden saßen. Vielleicht sind wir deshalb auf sein Gequengel reingefallen. Egal. Jetzt waren die fünfzig Pfennig pro Film wichtiger denn je.

Schon vor unserem Umzug hatte ich ab und zu mitgemacht. Als wir noch im Haus lebten, fand ich das eher nervig. Aber jetzt war das Kino neben Gottesdienst und Fußballverein die Gelegenheit, meine alten und neuen Freunde auf einmal zu sehen.

Außerdem habe ich von dem Filmvorführer viel gelernt.

Er ließ mich mitunter die Filmrolle wechseln, anfangs unter seiner Aufsicht, später durfte ich es auch ohne ihn. Sogar den Apparat konnte ich irgendwann allein in Gang setzen. Während der Vorführung durfte ich neben ihm sitzen. Ein begehrter Platz. Keine Frage. Und Eindruck machte er auch. Sowohl bei meinen Freunden als auch bei den Mädchen. Das Mädchen meiner Wahl kam erst kurz vor der Vorstellung. Ich hatte für sie einen Stuhl zur Seite gestellt. Da sie aber mit ihrem Bruder auftauchte, fehlten zwei Stühle. Das hatte ich mir zwar anders vorgestellt, doch ich bot ihm dann meinen an. In der stillen Hoffnung, sie damit zu beeindrucken.

»Du kannst dich jetzt sehr gerne neben mich setzen«, sagte sie am Ende der Pause zu mir. »Mein Bruder musste schon nach Hause. Schreibt morgen Mathe!«

Ganz schön aufgeregt war ich, als ich nun neben ihr saß. Bis zum Händchenhalten schafften wir es. Dann verließ mich der Mut. Aber wir verabredeten uns für den nächsten Tag. Ich war so selig, dass ich kaum einschlafen konnte.

Am nächsten Tag versuchte ich, nach der Schule so schnell wie möglich meine Hausaufgaben zu erledigen. Ich hatte schließlich einen guten Grund. Das machte es nicht einfacher, einen Platz zu finden, an dem ich in Ruhe schreiben konnte: Am einzigen Schreibtisch in der Ecke unseres Kinderzimmers saß Wolfgang. Meine Mutter hatte in der Küche eine Friseurkundin, und im Wohnzimmer spielte Oliver mit einem Freund. Ich wusste genau, dass meine Mutter mich nie aus dem Haus lassen würde, ohne dass ich die Hausaufgaben erledigt hatte. Ungeduldig machte ich den Wohnzimmertisch zu meinem Arbeitsplatz. Dort konnte ich mich zwar nicht so gut konzentrieren, aber das lag nur zum Teil an Oliver, der dort spielte. Genauso nervös machte mich der Gedanke an das Mädchen aus der Neubausiedlung.

Die Aufgaben hatte ich schnell gemacht, meine Mutter hatte sie gründlich kontrolliert, und mit ihrem Kopfnicken war ich auch schon aus der Tür. Auf dem Weg zum Glück. Dachte ich.

Wir hatten uns auf der Lichtung verabredet, auf der es einst mal die Festung gegeben hatte. Wir wollten allein sein – und es mussten ja nicht alle gleich mitbekommen, dass wir uns trafen. Von dort aus liefen wir zusammen los. Sie war zurückhaltend. Ganz anders als am Abend zuvor.

»Ist was?«, wollte ich von ihr wissen.

»Nee, wieso?«

»Ach komm. Es ist doch was! Sag schon!«, bohrte ich nach.

»Ach, es ist nichts Besonderes. Es ist nur mein Vater, der ...«, stotterte sie leise.

»Sag schon«, wiederholte ich und legte den Arm um sie. »Ich bin nicht zimperlich.«

»Nun, ich habe gestern Abend den Fehler gemacht und ihm von uns beiden erzählt. Er möchte nicht, dass wir uns weiter treffen.« Das saß.

»Was habe ich ihm denn getan?«, wollte ich wissen.

»Eigentlich gar nichts!«, versuchte sie mich zu beschwichtigen. »Ich bin mir noch nicht mal sicher, ob es überhaupt um dich geht!«

»Um was denn sonst?«, fragte ich genervt.

»Ihn stört halt, dass ihr in der Mietsiedlung lebt.« Zack. Das saß auch. »Wenn der wüsste, dass wir uns heute treffen, dann ....«

»Was dann?«

»Na, dann gäbe es halt Ärger. Richtig Ärger!«

Das war es bis auf weiteres. Wütend und enttäuscht zog ich gen Wohnung. Ich wusste nicht, an was oder wem ich mehr zweifeln sollte. War die Mietsiedlung wirklich schuld an dem Ganzen? Mir hatten unsere Eltern damals schließlich auch den Umgang mit den Kindern aus der Siedlung verboten. Und ich bin trotzdem hingegangen. Andererseits spürte ich jetzt deutlich, was der Umzug bedeutete. Ein sozialer Abstieg. Alles war ein Problem. Dass wir im falschen Viertel wohnten, dass wir nicht genug Geld hatten. Wir waren zwar gesund, aber im Vergleich zu früher arm.

Unser Vater zahlte nichts, weder für uns noch für unsere Mutter. Unterhaltszahlungen interessierten ihn einfach nicht. Das war fast so gewalttätig wie die Schläge, die er uns vorher verpasst hat. Meine Mutter hatte längst einen Anwalt eingeschaltet. Aber der bestätigte nur ihre Befürchtungen, dass der Rechtsstreit darüber Monate dauern würde. Nur dank Großvaters Unterstützung konnten wir überhaupt halbwegs durchhalten. Doch der hatte sich mit seinem Angebot an uns übernommen. Das Geld reichte nicht, um eine Klassenfahrt für Wolfgang zu bezahlen oder mehr als das nötige Schulmaterial zu kaufen.

Doch die Strategie ging auf: Unser Vater kochte die Familie mit finanzieller Härte weich. Nicht lange, da machte meine Tante aus Sehl den Vorschlag, sich mit ihr zu treffen und über den Rückzug ins Haus zu sprechen. Aus heutiger Perspektive klingt es nachgerade absurd, was da besprochen wurde und was wir dann machten. Bei dieser Vorgeschichte! Bei so einem Vater! Überhaupt darüber nachzudenken, wieder in das Haus zurückzugehen.

Mich schüttelt es heute noch. Was wir alles verdrängt hatten. Unfassbar. Aber. Wir haben es getan. Nicht ohne, dass unsere Mutter Bedingungen stellte. Die Liste hatte sie bei dem Treffen mit meiner Tante in Cochem-Sehl erstellt. Ich habe tatsächlich geglaubt, wir alle haben tatsächlich geglaubt, dass die Rückkehr zu unserem Vater die einzige Chance auf eine Lebensperspektive war. Wie sonst hätten wir den naiven Wunsch nach Harmonie in der Familie hegen können, eine Hoffnung auf eine Besserung in dem Hause, in dem mein Vater lebte. Ich habe lange geglaubt, dass wir dem Mann noch eine Chance gegeben hätten. Heute bin ich mir sicher: Wir haben ihn im wahrsten Sinne des Wortes einfach »in Kauf genommen«. Und das mit ihm verbundene Risiko! Unfassbar.

Es gab allen Ernstes einen Vertrag, den mein Vater in Gegenwart seiner Schwester unterschreiben sollte. Darin sicherte er meiner Mutter zu, ab sofort uneingeschränkten Zugriff auf das Familienkonto zu haben, ihr den Führerschein zu bezahlen und unverzögert einen Alkoholentzug zu starten.

Er unterschrieb. Vielleicht hat er wirklich dran geglaubt. Vielleicht hat er uns doch vermisst. Schon wenige Tage später trudelte sowohl der Nachweis über die Kontovollmacht als auch die Fahrschul-Anmeldung bei uns in der Siedlungswohnung ein. Wir fingen an zu packen.

Mein Vater überließ uns sein Arbeitszimmer als drittes Kinderzimmer, das wir bei unserer Ankunft sogar wie alle Zimmer renoviert vorfanden. Er wusste genau, wie er meine Mutter kriegen konnte. Und uns auch. Wir waren begeistert. Die Sehnsucht nach dem schönen Schein war deutlich größer als die Sorge vor der altbekannten Brutalität. Wir wollten dran glauben, dass das alles wahr und gut werden würde.

Die Nachmieter für die Wohnung in der Siedlung kauften meiner Mutter sogar einen Teil der Möbel und die Gardinen ab. So blieben nur noch unsere fast neuen Jugendzimmermöbel und die Kartons mit unseren Sachen für den Umzug. Oliver bekam das ehemalige Büro meines Vaters und einen Teil der neuen Möbel. Wolfgang ging in sein Zimmer zurück und ich in das, was ich mir zuvor mit Oliver geteilt hatte. Die Wände waren jetzt hellblau. Und erinnerten nicht mehr an die dunklen Nächte. Erst mal.

Trotzdem konnte ich nicht einschlafen in der ersten Nacht. Das Licht musste anbleiben. Insgeheim traute ich dem Braten nicht.

Meinen Vater sahen wir in den ersten Tagen nicht sehr oft. Er zog sich nach der Arbeit in den Taubenschlag zurück. Das einzig Positive unseres Umzugs in die Siedlung war tatsächlich gewesen, dass wir ihm und seinen Gewalttaten nicht ausgesetzt waren. Und jetzt war er betont freundlich mit uns, wenn wir uns dann mal über den Weg liefen. Er gab sich ebenso betont fürsorglich. Das war schon fast unheimlich. Was bezweckte er damit? Wollte er uns die Zeit davor vergessen machen? Ich hatte ihn noch nie so um unser Wohl besorgt erlebt wie in dieser Zeit. Sehr auffällig. Wir blieben misstrauisch. Ich blieb misstrauisch. Ich glaubte ihm kein Wort. Würde das ein Mitschüler machen, hätten wir gesagt: Der schleimt sich ein.

Er aß mit uns am Tisch, er verhielt sich so, wie wir uns das immer gewünscht hatten. Tag für Tag. Woche für Woche. So lebten wir uns schnell wieder ein. Meine Mutter hatte schon die theoretische Führerscheinprüfung bestanden, nahm inzwischen Fahrstunden, wir gingen täglich zur Schule. Und unser Vater trank nicht mehr.

Es wurde ruhiger. Ich wurde in der Schule wieder besser. Für die erhoffte Gymnasialempfehlung war es allerdings schon zu spät. Ich schaffte es gerade mal, mich knapp für die Realschule zu qualifizieren. Jetzt gab es aber erst mal Ferien. Sechs ganze Wochen. Mein Vater ließ sich auch da nicht lumpen. Er genehmigte Wolfgang und mir eine zehntägige Freizeit in Frankreich.

Unser Fußballverein bot die Reise in die Partnerstadt von Cochem an. Dreißig Jugendliche konnten mit nach Burgund fahren. Drei Erwachsene begleiteten uns, als es direkt zu Beginn der Ferien mit dem Bus gen Avallon losging. Dort angekommen, durften wir zwischen einem Aufenthalt in einer Familie oder der Unterkunft in einer Turnhalle wählen. Wolfgang und ich hatten Glück und konnten in eine Gastfamilie. Mit dem Bus brachten sie uns zu dem schmalen Haus am anderen Ende der Altstadt, in dem unsere Gastfamilie mit zwei Kindern und Hund lebte. Der Gastvater führte uns durch die kleinen Räume im Erdgeschoss des Hauses. In der Küche bereitete seine Frau derweil unser Abendessen vor. Die Küche war so groß, dass die Familie dort in einer gemütlichen Sitzecke viel Zeit verbringen konnte. Das Wohnzimmer nebenan war gerade mal halb so groß. Die Franzosen hatten eindeutig andere Prioritäten. Zumindest unsere Gastfamilie.

Die Kinder waren noch in der Schule, obwohl es schon nachmittags war. Ganztagsschule. Davon hatte ich bis dahin noch nie gehört. Das wäre genau das, was wir brauchten. Oder was meine Mutter gebrauchen könnte, dachte ich so bei mir. Die beiden Jungs der Gastfamilie kamen gerade nach Hause, als wir unsere Koffer in dem Zimmer auspackten, das uns der Jüngere der beiden für zehn Tage abgetreten hatte. Die Verständigung war ein bisschen schwierig. Wir konnten kein Französisch, die beiden weder Englisch noch Deutsch. Der Gastvater hatte in den zehn Tagen deswegen alle Hände voll zu tun. Das Abendessen war ausgiebig, dauerte mehr als eine Stunde, und die Gastfamilie ließ sich mit allem Zeit, egal was sie tat. Sie erzählten viel, aßen genüsslich, und ich glaube, sie hätten noch viel länger da gesessen, wenn es uns nicht gegeben hätte. Wir schliefen schnell ein. Bei Licht, versteht sich. Auch hier.

Unsere Gastfamilie bot uns nicht nur Platz zum Schlafen. Der Gastvater fuhr uns auch zu den Treffs mit den Mitreisenden, und als sportlicher Leiter des Vereins trainierte er die Mannschaft, gegen die wir am Ende der Reise noch spielen sollten. Es war ein leidenschaftliches Spiel. Es wurde gepfiffen, geschrien und gefoult. Aber das war eben Fußball. Und aller Ärger war vergessen, sobald das Spiel abgepfiffen war. Unentschieden. Also für alle Seiten gut.

Noch am Abend dieses Fußballspiels fuhren wir zurück nach Cochem. Ohne übertreiben zu wollen: Diese wunderbaren zehn Tage in Frankreich waren bis dato die schönste und vor allem die unbeschwerteste Zeit in meinem Leben.

Zu Hause schien die Stimmung immer noch gut. Mein Vater trank noch immer nicht wieder, meine Mutter hatte inzwischen den Führerschein. Mein Großvater hatte ihr das Geld für einen Gebrauchtwagen geschenkt, und sie hatte sich davon einen hellbauen Käfer gekauft. Mit dem fuhr sie uns in den Ferien, so oft wir wollten, ins Freibad. Fast täglich.

Das war aber noch nicht alles für diese Ferien. Ich hatte mich mit drei Freunden zum Zelten verabredet. Meine Eltern erlaubten sogar, dass ich über Nacht wegblieb. Erstaunlich. Aber wie schon gesagt: Mein Vater war in der Zeit relativ friedlich.

Schon aufgeregt und gut ausgerüstet mit Zelt, Schlafsäcken, Kocher, Konserven, Taschenmessern, Lampen und Rucksäcken zogen wir los. Wir fischten, besser gesagt, versuchten es. Fingen auch eine Forelle. Wir wollten jagen, bauten uns Pfeil und Bogen. An dem Abend gab es Ravioli und Toastbrot. Bauten Fallen, konnten uns dann aber nicht dazu durchringen, das gefangene Kaninchen zu töten. Es gab Bohnensuppe aus der Dose und Kekse. Das Abenteuer beendeten wir nach drei Tagen.

Ich wollte ja noch zu meiner Großmutter nach Sehl. Die war nach einem halben Jahr wieder in ihre Wohnung zurückgezogen. Und wir konnten sie endlich wieder besuchen, abendelang in der Küche mit ihr spielen, erzählen und zuhören.

Und ganz plötzlich waren die Ferien wieder vorbei.

Irre vor Angst

Ich startete in der siebten Klasse der Realschule. Ich brachte direkt gute Noten nach Hause. Sogar in Mathe. Und das Fach konnte ich gar nicht leiden. Kein Wunder, denn zu Hause war alles so weit harmonisch. Die Erlebnisse aus der Zeit vor dem Auszug gerieten tatsächlich immer mehr in Vergessenheit.

Wir wurden nicht mal stutzig, als mein Vater ein paar Tage vor meinem Geburtstag nach der Arbeit nicht sofort nach Hause kam. Wir gingen wie gewohnt ins Bett. Wie gewohnt schlief ich bei Licht ein. Die Tür hatte ich nicht verriegelt. Mitten in der Nacht wachte ich auf; dachte ich doch, ich hätte ein Motorengeräusch gehört. Ich blickte auf den Wecker. Fünf Uhr. Ich hörte nichts mehr, drehte mich um und schlief weiter. Noch mal schreckte ich kurz hoch, weil ich glaubte, es sei jemand in mein Zimmer gekommen. Das war sicher meine Mutter, beruhigte ich mich selbst und guckte nicht mal, um mich zu vergewissern. Damit lag ich falsch. Ganz falsch. Plötzlich roch es nach Alkohol. Ich rührte mich nicht. Die Nackenhaare stellten sich hoch, ein kalter Schauer lief mir über den Rücken. Ich war so unvorbereitet. Hatte einfach nicht damit gerechnet. Und so traf es mich umso härter, als er mich plötzlich an den Füßen aus meinem Bett auf den Fußboden zerrte. Sein erster Tritt landete im Brustkorb, der zweite in der Magengrube. Ich schnappte nach Luft. Bog mich vor Schmerzen. Er krallte sich meine Haare, zog mich an denen durch den Flur, die Treppe runter ins Wohnzimmer. In die gute Stube. Wo waren die anderen? Wo meine Mutter? Alles war plötzlich wieder da. Wolfgang und Oliver zerrte er ebenso ins Wohnzimmer, nicht ohne sie vorher so zuzurichten, dass sie selbst gar nicht mehr die Treppe herunterkamen. Irgendwann lagen wir alle drei auf dem Teppich, bluteten, krümmten uns.

»Ihr zuckt nicht mal!«, warnte er uns. »Wagt es nicht, euch zu bewegen!«

Er stieg die Treppe rauf. Wo war bitte meine Mutter? Normalerweise nahm er sich sie doch als Erste vor? Was hatte er getan? Lebte sie noch? Ich wurde irre vor Angst. Da unten auf dem Teppich. Ich war zu feige, aufzustehen. Oliver weinte, Wolfgang stöhnte. Wir bewegten uns nicht. Ich hatte wirklich Schiss, dass er uns totschlägt.

Dann hörten wir ihn schreien. Meine Mutter war bis dahin noch nicht aus dem Schlafzimmer gekommen. Ob sie Angst hatte, ob sie es gar verschlafen hatte. Ich weiß es nicht. Ich weiß nur, dass er sie auch nach unten zerrte. Sie neben uns auf den Teppich stieß. Und dann legte er richtig los.

Er schlug zu. Er trat auf uns ein. Wie von Sinnen. Und schrie.

»Euch werde ich's zeigen! Mich hier einfach im Stich zu lassen! Völlig verrückt geworden! Undankbares Pack. Unverschämt! Das macht ihr nicht noch mal mit mir! Das schwöre ich euch! Totschlagen müsste ich euch! Genau. Totschlagen!«

Er prügelte weiter haltlos auf uns ein. Mit einem Mal trat meine Mutter zurück. Versuchte sich zu wehren. Doch sosehr sie es auch versuchte, sie konnte gegen den bulligen Mann nichts ausrichten. Irgendwann richtete sie sich auf und warf sich über uns Jungs. Ganz plötzlich hielt er inne. Schaute seine Hände an. Drehte sich auf dem Absatz um und ging ins Bad. Dann hörten wir ihn die Treppe hochgehen.

Wir blieben liegen. Einfach liegen, gelähmt vor Angst. Gefühlt eine Ewigkeit traute sich keiner von uns aufzustehen. Wieder mal versorgte dann unsere Mutter unsere Wunden, wieder mal tastete sie unsere Körper auf mögliche Knochenbrüche ab. Sie weinte. Wir weinten. Alle leise.

Es war schon sieben Uhr morgens. Zeit, zur Schule zu gehen. Ich weiß nicht mehr, wie ich dahin gekommen bin oder was ich fühlte oder dachte. Ich saß auf jeden Fall eine gute Stunde später im Klassenzimmer. Erst mal spürte ich gar nichts. Wirklich nichts. Am Ende der ersten Unterrichtsstunde dann, dass jeder Atemzug stach. Selten hatte ich eine Pause so herbeigesehnt. Hoffentlich lassen mich die Lehrer in Ruhe, dachte ich immer nur.

Man weiß ja nie!

Der Unterricht lief an mir vorbei, als wäre ich gar nicht da gewesen. Vielleicht wäre es sinnvoller gewesen, gar nicht hierher ... – nein, den Gedanken dachte ich nicht mal zu Ende. Was hätte mich denn zu Hause erwartet? Noch mehr Prügel? Angst und Schrecken waren wieder da. Nicht mehr wegzudenken. Nein, es war schon gut, dass ich da gerade nicht war.

Ich sprach mit niemandem an dem Tag. Es fragte auch keiner was. Gott sei Dank. Auch nicht auf dem Weg nach Hause. Ich saß mit Bauchschmerzen im Schulbus, und mir war schlecht vor Angst, nach Hause zu gehen. Als ich zu Hause ankam, roch es nach Alkohol. Mein Vater lag noch in seinem Bett und schlief seinen Rausch aus. Schnurstracks ging ich in mein Zimmer und verschloss die Tür hinter mir. Aber richtig.

Aus Wolfgangs Zimmer tönte laute Musik. Das war eine gute Idee, befand ich und legte meine Lieblingsmusik auf. Im Takt der Musik schlug ich meinen Kopf ins Kissen, bis ich fast in Trance war, nichts mehr um mich herum mitbekam. Das tat gut, machte mir den Kopf frei. Ich nickte sogar darüber ein.

Zwei volle Stunden habe ich tief und fest geschlafen. Mein Magen weckte mich dann. Hunger hatte ich. Erst jetzt fiel mir auf, dass ich den ganzen Tag noch nichts Richtiges zu mir genommen hatte. Ich raffte mich auf und ging Richtung Küche. Die Wohnzimmertür stand offen.

Mein Vater lag auf dem Sofa und schaute fern. Ganz leise ging ich an der Tür vorbei. Er sollte das nicht mitbekommen. Bitte nicht. Ich hatte einfach Angst, dass er in Katerlaune wieder auf mich losgeht. Gründe brauchte er ja nicht. Schnell packte ich mir zwei Scheiben Brot, etwas Wurst, schloss leise den Kühlschrank, versuchte noch leiser aus der Küche in den Keller zu gehen, holte dort eine Flasche Sprudel und verbarrikadierte mich dann wieder in meinem Zimmer. Bis zum nächsten Morgen wollte ich da drinbleiben, hatte ich mir vorgenommen.

Etwa eine Stunde später, ich hatte gerade aufgegessen und es mir an meinem Fenster gemütlich gemacht, sah ich, dass mein Vater mit dem Wagen wegfuhr. Das wunderte mich schon, denn normalerweise rührte er das Auto am Tag nach einem Vollrausch nicht an. Schon aus Angst um seinen Führerschein. Ich war so neugierig, dass ich doch mein Zimmer verließ und meine Mutter ausfragte. Sie wusste auch nichts.

Hilflos nutzten wir Brüder einfach die Gelegenheit, selbst fernzusehen. Bis zum Ende der Tagesschau durften wir. Obwohl mein Vater noch nicht zu Hause war, schloss ich mich dann wieder in meinem Zimmer ein. Ich hatte einfach ein ungutes Gefühl. Zwar hatte er uns noch nie in zwei aufeinanderfolgenden Nächten verprügelt. Aber: »Man weiß ja nie«, sagte ich zu mir selbst, als ich einen Stock zwischen Türklinke und Boden klemmte. »Man weiß ja nie!«

Ich behielt recht. Mitten in der Nacht rüttelte es an meiner Tür. Oh nein! Bitte nicht! Ich war schlagartig hellwach. Setzte mich im Bett auf, zog die Decke zum Gesicht. Starrte auf die Türklinke und den Stock und betete, dass er bitte halten soll. Er versuchte sich noch mal an der Klinke. Sie ging nicht. Ich hörte ihn was grummeln. Verstand ihn aber nicht. Plötzlich wurde es warm zwischen meinen Beinen. Ich hatte mir vor Angst in die Hose gemacht. Egal. Hauptsache, er kommt nicht rein. Ich wusste nicht, was ich machen sollte. Blieb einfach da sitzen, schlotterte vor Angst. Ich hörte ihn weggehen. Gerade hatte ich die Hoffnung, dass er aufgegeben haben könnte, da krachte es laut. Rahmen und Tür flogen auf den Boden, und er stand mitten im Zimmer. Ich zog den Kopf zwischen die Schultern, zog die Beine an den Körper, machte mich klein. Mein Arm schnellte vor mein Gesicht. Ich rollte mich aus dem Bett und versuchte drunterzukriechen. Dabei kriegte er mich zu packen. Ich schrie, so laut ich konnte. In dem Moment, als er ausholte, um zuzuschlagen, verlor er das Gleichgewicht und fiel hin. Ich rappelte mich auf und rannte aus dem Zimmer, die Treppe runter. Im Flur drehte ich mich einmal um mich selbst, wusste nicht, wo ich hinsollte. Der Heizungskeller! Nächste Treppe runter. Die dicke Eisentür war schwer. Ich bekam sie gerade noch rechtzeitig auf, schlüpfte rein, knallte sie zu und schloss ab. Ich zitterte am ganzen Körper. Ich hätte wissen müssen, dass mein Vater die Tür nicht einschlagen konnte. Die Angst ging aber nicht weg. Sie blieb. Und ich kroch in den Raum mit den Öltanks. Es stank bestialisch nach Öl. Ich verriegelte die Tür auch noch und klemmte mich zwischen Tank und Wand. Bewegte mich nicht. Sagte keinen Ton. Zitterte. Ich blieb da einfach, bis ich durch die Luke sehen konnte, dass es draußen hell wurde. Ich kletterte in den Heizungskeller zurück, schloss die Tür auf und lehnte mich gegen sie, um sie zu öffnen. Mein Herz klopfte. Es war still. Langsam ging ich zur Treppe. Aus der Küche hörte ich Geschirr klappern. Ich schlich die Treppe hoch und schaute in die Küche. »Markus! Junge! Wo kommst du denn her?« Meine Mutter musterte mich von oben bis unten. Die Hose war noch nass, ich war dreckig. »Ab unter die Dusche!« Sie zeigte mit dem Arm Richtung Bad. »Papa schläft!«, beruhigte sie mich noch und trieb mich ins Bad. Ich musste mich einfach häufiger einseifen als sonst, um den Ölgeruch und den Dreck loszuwerden. Hektisch zog ich mich noch an, schnappte mir meine Schultasche und aß das Frühstücksbrot auf dem Weg zum Bus. Ich war fix und fertig. Im Bus wäre ich fast eingeschlafen. Wie während des gesamten Unterrichts auch. Was für ein Tag. Gott sei Dank war jetzt Wochenende.

Auf dem Weg betete ich mal wieder, der liebe Gott möge bitte dafür sorgen, dass mein Vater mir nicht über den Weg läuft. Zum Mittagsessen tauchte er schon mal nicht auf. Und nach dem Essen wollte ich nur noch schlafen. Aber mein Zimmer sah noch immer aus wie ein Schlachtfeld, Tür samt Rahmen lag noch auf dem Boden. Da Wolfgang schon gleich nach der Schule die Flucht ergriffen hatte, legte ich mich einfach in seinem Zimmer schlafen. Er war für das ganze Wochenende mit dem Zug zu meinen Großeltern gefahren. Am Nachmittag, ich muss bestimmt zwei Stunden geschlafen haben, weckte meine Mutter mich, auch um mir mitzuteilen, dass die Luft rein war, mein Vater gerade das Haus verlassen hatte. Ich war ganz schnell hoch. Ein bisschen Zeit ohne Angst war ja auch mal ganz gut. Ab dem späten Nachmittag war meine Mutter mit drei Kundinnen beschäftigt. Die kamen wieder, seit wir aus der Siedlung zurück in unser Haus gezogen sind. Der Preis dafür war hoch. Auch wenn Oliver und ich an dem Abend in aller Ruhe Monopoly spielten, wussten wir: Das wird eine harte Nacht. Je später es wurde, umso mehr Angst bekamen wir. Den dritten Tag in Folge drohte unser Vater sich in seiner Stammkneipe volllaufen zu lassen. Ich konnte das nicht verstehen und aushalten noch schlechter. Nachdem meine Mutter auch die letzte Dame verabschiedet hatte, setzte sie sich zu uns ins Wohnzimmer. Sie ließ sich in einen Sessel fallen und nickte vor dem Fernseher ein. Wach wurde sie, als es am Fenster klopfte. Wer sollte das sein? »Vielleicht unsere Nachbarn?«, rätselte sie und zog die Gardine zur Seite. Es waren zwar nicht unsere Nachbarn, dafür mein besoffener Vater und das ebenso betrunkene Ehepaar, das er uns schon mal nachts vorgestellt hatte. Wir hatten einerseits Panik, dass das für uns wieder ausufern könnte, und andererseits erleichtert, dass die zwei dabei waren. »Ich lass sie lieber rein!«, sagte meine Mutter zu uns und schickte sie zur Haustür. Der Fernseher lief noch, Oliver und ich waren auf dem Sofa zusammengerückt, als mein Vater durch die Tür wankte und den stolzen Vater gab, voll des Lobes für seine Kinder. Und natürlich den liebenden Ehemann. Es war zum Kotzen. Im wahrsten Sinne des Wortes. Mir wurde so schlecht, als ich ihn roch, dass ich mich fast übergeben hätte. Wir blieben noch eine Weile sitzen und hörten seinen verlogenen Lobgesängen auf seine Familie zu. Mein Großvater nannte so was »gute Miene zum bösen Spiel machen«. Genauso fühlte ich mich. Erst als die drei gut mit weiterem Alkohol versorgt waren und ich sicher war, dass wir an dem Abend keine Prügel zu erwarten hatten, stahlen Oliver und ich uns davon. Er in sein Zimmer und ich in Wolfgangs. Licht an, Tür abgeschlossen. Wie immer. Ich war zwar froh, dass uns die Schläge erspart blieben, war aber so stinkesauer auf das ganze Getue, heile Welt spielen, das Verlogene, dass ich nicht schlafen konnte.

Am nächsten Morgen – die drei lagen noch immer in den Sesseln und schliefen tatsächlich dort ihren Rausch aus – bat ich meine Mutter, mit mir zum Baumarkt zu fahren. Ich war so wütend auf das, was in den letzten drei Nächten passiert war, dass ich etwas tun wollte. Irgendwas! Etwas, was jeder sehen kann. Ich wollte das loswerden. Ich bat meine Mutter, noch während die Alkoholisierten im Wohnzimmer herumstanken, mich zum Baumarkt zu fahren. Ich war selbst ganz erstaunt, wie sauer ich auf alle und alles war. »Überraschung!«, antwortete ich nur ungehalten, als sie fragte, was ich da wollte. »Warte ab!« Sie wartete. Im Auto. Vor dem Baumarkt. Diskutierte auch nicht mit mir, als ich mit dem Eimer schwarzer Farbe, Pinsel, Abdeckplane und Klebeband, von meinem Ersparten erstanden, wieder bei ihr auftauchte. Ich glaube, sie wollte nicht auch noch Ärger mit mir. Und ich wollte mir von ihr nicht ausreden lassen, meine Zimmerwände schwarz zu streichen. Ich wollte kein verlogenes Hellblau mehr! Basta! Erst reparierte ich die Tür notdürftig, dann verschloss ich sie hinter mir. Plane auf den Teppich, die Fußleisten abgeklebt, die Plane auf dem Boden ausgebreitet – und es konnte losgehen. Eimer auf! Umgerührt! Und Start.

Dazu lief mein Radio. Die großen Acht. Radio Luxemburg. Musste sein. Jeder Pinselstrich war ein Genuss. Mit jedem bisschen Schwarz, vor allem auf dieser hellblauen Tapete, fühlte ich mich besser. Ich konnte gar nicht mehr aufhören damit. Habe sogar noch die Möbel abgerückt, mit der Plane abgedeckt und die Wandflächen dahinter geschwärzt. Zum Schluss dann noch die Zimmerdecke. Tja, und dann war aus dem »netten Jugendzimmer« eine dunkle Höhle geworden. Genau nach meiner Stimmung. So fühlte ich mich. Genauso pechschwarz! Die Zeit war so schnell umgegangen. Ich zog die Klebestreifen ab, räumte den Müll weg, brachte die Reste in den Keller. In meinem Zimmer stank es nach Farbe. Ich stank nach Lösungsmittel und Farbe. Aber das war mir egal. Ich badete einfach noch mal ausgiebig. Als ich dann in meinem Bett lag und die Wände betrachtete, fühlte ich mich einfach nur gut. Ich war stolz auf mein Werk!

Erst zwei Tage später registrierte mein Vater es überhaupt. Er sagte nichts dazu.

Es war Montag, Kinotag im Gemeindesaal. Ich war mit ihr verabredet. Genau. Mit dem Mädchen, das mich plötzlich wieder sehen durfte, als wir wieder zu den »Bessergestellten« gehörten. Auf dem Programm stand ein französischer Actionfilm mit Jean-Paul Belmondo in der Hauptrolle. Ich hatte wieder bei den Vorbereitungen geholfen, durfte auch die Filmrolle einlegen. Kurz bevor der Raum verdunkelt wurde, huschte noch der Pfarrer durch die Tür. Den hatte ich noch nie bei einer Vorführung gesehen. Was der wohl wollte? Ich kümmerte mich nicht weiter darum und hatte auch mehr Augen für meine Freundin als für den Film. In der Pause sah ich, dass der Pfarrer mit dem Filmvorführer sprach, konnte aber beim besten Willen nicht orten, was da abging. Irgendwas gefiel dem Pfarrer nicht, das sagte mir zumindest sein Gesichtsausdruck. Als ich die zweite Filmrolle einlegen wollte, winkte der Vorführer ab. »Okay, dann nicht!«, dachte ich mir und setzte mich auf meinen Stuhl.

Doch statt des zweiten Teils bekamen wir den Pfarrer zu sehen. Und zu hören.

»Liebe Besucher. Es tut mir sehr leid, aber ich werde solche Filme in unserer Gemeinde nicht mehr dulden. Was ich im ersten Teil dieses Films allein an Gewaltszenen gesehen habe, reicht für meine Entscheidung. Ich muss Sie daher bitten, den Saal zu verlassen!«

Schock. Spinnt der? »Wie jetzt? Sie können uns doch jetzt nicht so einfach rausschmeißen. Wir haben doch schließlich Eintritt bezahlt!«, rief ein Jugendlicher. »Sie kennen meine Gründe!«, erwiderte der Pfarrer. Mit Protest hatte er nicht gerechnet. »Nee, nee!«, rief ein Zweiter. »So einfach werden Sie uns hier nicht los.« – »Ich erwarte, dass Sie meinen Anweisungen Folge leisten«, konterte der Pfarrer bestimmt. Die Jugendlichen blieben demonstrativ auf den Stühlen sitzen. Der Pfarrer wurde ungehalten. Und laut. »Dann hole ich eben die Polizei. Die wird den Saal dann räumen«, drohte er. Das war es dann. Das wollte keiner so gerne. Wir gingen alle. So hatte »Der Profi« tatsächlich zum endgültigen Aus für die Kinoabende im Gemeindesaal gesorgt. Alle Versuche, auch seitens der Eltern, mit dem Pfarrer noch mal zu verhandeln, schlugen fehl. Schade.

Zu Hause war momentan Ruhe. Mein Vater trank nicht und prügelte nicht. Zwei Wochen lang. Ich war aber nicht wirklich überrascht, als er dann nachts in meinem Zimmer auftauchte. »Das wäre doch gelacht! Wenn du ungeschoren davonkämst!«, schrie er mich an. »Hier so eine Scheiße an die Wände zu malen! Ungefragt!« Da hatte ich sie. Die Quittung für meine »Schmierereien«, wie er das auch nannte, während er wutentbrannt auf mich einschlug, trat und prügelte. Ich schwor mir in der Nacht, hier nur noch so lange wie eben nötig zu bleiben. Ich wollte hier nur noch weg. Weg von dem Schläger und Säufer. Nichts wie weg. Wollte mit alldem nichts mehr zu tun haben.

Sollte er doch!

Dunkel blieb unser Leben. Auch die nächsten zwei Jahre änderte sich nichts. Mein Vater trank, prügelte, demütigte, bereute. Trank, prügelte, schrie, demütigte, zerstörte, bereute. Meine Mutter frisierte Kundinnen, bestellte und lieferte OTTO-Pakete, putzte, versorgte uns, ging freitags Vorräte einkaufen und duldete die Schläge. Die Tür schloss ich schon gar nicht mehr ab, das Licht ließ ich brennen. Wenn ich zu Hause war.

Ich war wild entschlossen, so bald wie möglich auf eigenen Füßen zu stehen. Mein eigenes Geld zu verdienen. Unabhängig zu sein. Ich trug den Wochenspiegel aus und verteilte Werbeprospekte in der Siedlung. Jeden Monat brachte das zweihundertfünfzig Mark. Unglaublich viel Geld für mich. Abgesehen davon, dass es sich einfach gut anfühlte, eigenes Geld zu haben, ging ich mit dem selbstverdienten Geld wesentlich sorgsamer um als mit dem, was ich von Großeltern, Mutter und anderen geschenkt bekommen hatte und bekam. Ich gab das erarbeitete Geld nur aus, wenn ich sicher war, dass mich die Investition unabhängiger vom Geldbeutel meines Vaters machte, oder wenn es dazu diente, von zu Hause weg sein zu können.

Ich war jetzt fünfzehn Jahre alt. Es musste einfach ein Mofa her. Die Gebühren für den Mofaführerschein taten noch nicht so weh. Anschließend das Mofa zu kaufen war schon teurer. Ich fand ein gebrauchtes im Nachbardorf. Meine Herkules! Schneller als mein Fahrrad, unabhängig vom Bus. Einfach großartig!

Plötzlich war es kein Problem mehr, dass in Brauheck für uns Jugendliche nichts los war. Sogar sonntags zur Scheunendisco konnte ich fahren, auch wenn die fünfundzwanzig

Kilometer weit weg stattfand. Es war der Sommer mit der Musik von Falco, Nena, Trio und Peter Schilling. Und Breakdance. Auch uns packte das Fieber. Es lenkte wunderbar ab. Von dem Chaos daheim. Von diesen ewigen Lügen. Fußball allein reichte mir nicht mehr.

Ich schaffte einen Ghettoblaster an, trainierte wie ein Blöder, investierte in coole Breakdance-Outfits. Wir sahen aus wie die Jungs aus der Bronx. Und fühlten uns auch so. Wir brachten es so weit, dass wir in der Innenstadt von Cochem unsere »Moves« aufführten und dabei auch noch richtig gut Geld absahnten.

Mit der lauten Musik und unseren waghalsigen Tänzen waren wir den Geschäftsleuten ein Dorn im Auge. Und auch meinem Vater, dem ständig die Beschwerden über uns zugetragen wurden. Ihm war das peinlich. Wir waren ihm peinlich. Äußerst peinlich. Er wollte einfach nicht ins Gerede kommen, in den Fokus der Öffentlichkeit geraten. Er befürchtete zu Recht, dass seine Misshandlungen an uns auch wieder ins Blickfeld gerieten. Er versuchte alles, um uns das Leben als Breakdancer schwer zu machen. Da nutzte es uns nicht mal, nach Koblenz auszuweichen. Zugleich stachelte er uns mit seinen Verboten nur noch mehr an. Uns interessierte nicht, ob uns die Polizei verjagte, ob das Ordnungsamt uns auflauerte. Je verbotener, desto besser, war unsere Devise. Das fanden zwar nicht alle Mittänzer, aber der Kern blieb dabei.

Endlich hatten wir ein Druckmittel. Je mehr er gegen uns zu unternehmen versuchte, umso motivierter tanzten wir. Er schrie, um uns zum Aufhören zu zwingen, er schlug, er trat, er tobte. Wir tanzten irgendwann nicht mehr, weil wir unbedingt tanzen wollten, sondern nur noch, um ihm zu beweisen, dass seine Ausbrüche und seine Gewalt uns nicht mehr einschüchtern konnten.

Leider durften wir nicht an den Vorentscheiden zur ersten deutschen Meisterschaft teilnehmen. Wir waren einfach zu jung für den Besuch der Discos, in denen sie stattfanden.

Doch für die Meisterschaft selbst besorgten wir uns Besucherkarten. Eine befreundete Gruppe von Tänzern, die älter waren als wir, wollte uns mitnehmen. Es war alles geklärt, und wir freuten uns. Da wir über Nacht wegbleiben würden, gaben wir wenigstens unserer Mutter Bescheid.

Ich weiß bis heute nicht, wie mein Vater davon erfahren hat. Als unser Vater von unserem Plan hörte, schloss er uns kurzerhand am Abend vor dem Ereignis gemeinsam in meinem Zimmer ein. Geradezu lächerlich, die Maßnahme, fanden wir. Wie hilflos. Wie makaber. War doch genau diese Tür, sooft sie zuvor verschlossen gewesen war, für ihn selbst nie eine echte Grenze gewesen. Wir wussten besser als jeder andere, dass eine verschlossene Tür kein unüberwindbares Hindernis war. Wie konnte er glauben, dass uns ein Schloss an der Tür von irgendetwas abhalten konnte. Für wie blöd hielt der uns eigentlich? Er dachte ernsthaft, er könnte uns an der Fahrt nach Dortmund hindern. Unglaublich, dieser Mann.

Um sieben Uhr morgens sollten wir abgeholt werden. Gegen fünf Uhr – sicher, dass alle noch schliefen – türmten wir. So schwierig war das nicht. Wir hatten den Bettbezug und das Bettlaken zusammengeknotet und am Heizkörper befestigt. Erst kletterte Oliver aus dem Fenster und hangelte sich am improvisierten Laken-Seil die Hauswand hinunter. Ich warf unsere Taschen herunter. Und kletterte hinterher.

Nachdem wir in Dortmund endlich das Gelände geentert hatten, verschwendeten wir keinen Gedanken mehr an zu Hause. Wir tanzten, schauten, bewunderten, trafen sogar einige der Künstler persönlich und waren einfach schwer beeindruckt. Mr. Robot, mein Idol aus New York, malte mir sogar ein abgefahrenes Bild auf mein Tanzshirt und signierte es auch noch. Ich war stolz wie Oskar. Und fühlte mich gewappnet. An dem Tag konnte mir keiner mehr was. Wir schmuggelten uns noch auf eine »After-Show-Party«. Ich war selig. Erst am nächsten Tag fuhren wir zurück gen Brauheck. Das T-Shirt behielt ich an. Es fühlte sich an wie ein Panzer.

Je näher wir der Siedlung kamen, umso mehr dachte ich an das, was uns da erwarten könnte. »Sollte er doch!«, trotzte ich meinen eigenen Vorstellungen. »Sollte er doch!«

Wenigstens bis zur Nacht wartete er damit. Der Vorteil: Wir wussten, was auf uns zukommt. Und in Erinnerung an die Nacht davor ließen sich die massiven Schläge irgendwie besser aushalten. Ich nahm sie einfach hin.

Pillen helfen gegen Schläge nicht

Als Kind hatte ich noch ab und zu über die Gewalt meines Vaters gesprochen. Inzwischen sagte ich niemandem mehr was. Nicht mal wir Brüder sprachen mehr miteinander darüber. Ich spaltete diesen geschundenen, geschlagenen, geprügelten, gedemütigten, schmerzenden Teil einfach von mir ab. Zumindest fühlte sich das so an. Oder ich überspielte ihn. War zynisch oder sarkastisch. Das gelang mir aber nur, solange ich nicht unter Druck stand. Leistungsdruck war das Schlimmste. Ich erwartete einfach extrem viel von mir, wollte immer gut dastehen, beliebt sein, keinen Anlass zum Ärger geben, erfolgreich sein, gute Noten schreiben, Tore schießen, am liebsten immer der Beste sein.

Bei Klassenarbeiten spätestens fiel meine »coole« Fassade einfach in sich zusammen. Nicht nur mein Kopf, sogar meine Hände verweigerten mir den Dienst. Sie zitterten so stark, dass ich nicht richtig schreiben konnte. Es fühlte sich schrecklich an, alle Antworten zu wissen, aber die gestellten Aufgaben nur zur Hälfte lösen und zu Papier bringen zu können; weil mit jeder Minute, die die Zeit fortschritt, der Druck stieg.

Noch schrecklicher fühlte sich das an, wenn die schlechten Noten verkündet wurden. Der »Blaue Brief« blieb nicht aus. Die Prügel dafür kamen postwendend. Dabei waren die Schläge meines Vaters nicht so schmerzhaft wie der Satz »Die Versetzung ist stark gefährdet«. Ich wollte unbedingt versetzt werden. Ich hätte es nicht ausgehalten, hängenzubleiben.

Ich vertraute mich meiner Mutter an. Wenn sich eine auskannte mit den Belastungen, dann sie. Hoffte ich. Auch wenn sie seit Jahren von Arzt zu Arzt rannte, von jedem aber wieder nur neue oder andere oder zusätzliche Psychopharmaka verschrieben bekam. Die sie widerstandslos schluckte. Täglich einen bunten Cocktail aus Pillen. Sowohl die körperlichen als auch die seelischen Schmerzen sollte sie so besser aushalten können.

Ihre erste Reaktion auf meine Offenbarung war, mich umgehend zum Hausarzt zu schleppen. Dem musste ich nicht groß erklären, was bei uns zu Hause los war. Er kannte uns schon lange. Ergebnis: Auch ich sollte Pillen schlucken.

»Meine Mutter schluckt seit Jahren die Pillen, und das hilft ihr kein bisschen!«, sagte ich zu ihm, als er die Verordnung schrieb.

»Junge! Nimm sie halt vor den Klassenarbeiten, das beruhigt!«, war die einzige Antwort.

Meine Mutter war nicht gerade erfreut über meinen Einwand. Ärger mit ihr wollte ich aber auch nicht. Ich war so unsicher, ob ich das machen sollte. Wenn es eine Pille gäbe, die meinen Vater daran hinderte, zu saufen und mich oder uns zu schlagen, die hätte ich sofort geschluckt. Oder man hätte ihm eine geben können, das wäre noch besser. Die hätte man ihm aber sicherlich unterjubeln müssen.

Wie vom Arzt verordnet, nahm ich eine Pille am Morgen vor der nächsten Klassenarbeit. Ich wurde tatsächlich ruhiger. Nachdem der Lehrer die Aufgaben an alle in der Klasse verteilt hatte, machte ich mich zuversichtlich an die Arbeit.

Zwei Aufgaben hatte ich gerade geschafft, da wurde mir schwummerig. Die Buchstaben verschwammen auf dem Papier. Ich konnte nichts mehr erkennen. Mir wurde schwindelig. Und ich war schlagartig müde. Hundemüde. Ich bekam Angst. Wusste nicht, was schlimmer war, zitternde Hände oder dieser Zustand. Ich bekam nichts mehr zustande, gab wieder nur eine halbfertige Arbeit ab und sprach mit niemandem darüber. Zu Hause legte ich mich direkt ins Bett und schlief.

Als ich am nächsten Morgen aufwachte, war ich einfach nur wütend. Ich nahm die Schachtel mit den restlichen Tabletten, betrachtete sie voller Abscheu und warf sie in den Müll. Ärzte können eben auch nicht helfen. Damit war dies Thema erledigt.

Neue Form der Gewalt: Demütigung

Ich riss mich arg zusammen im zweiten Halbjahr. Paukte wie besessen, konzentrierte mich zwanghaft bei den Arbeiten und schaffte irgendwie die Versetzung.

Mein Vater begriff indes, dass er allmählich bei den älteren Söhnen mit Gegenwehr zu rechnen hatte. Das hielt ihn nicht komplett davon ab, Oliver und mich immer wieder nachts zu verprügeln. Aber zumindest Wolfgang hatte inzwischen vor den körperlichen Schlägen Ruhe. Was nicht bedeutete, dass unser Vater nicht mit neuen Methoden des Terrors aufwartete. Sein größtes Hobby wurde, Wolfgang und auch uns Jüngere zu jeder Gelegenheit zu demütigen, uns an Vorhaben zu hindern, uns Steine in den Weg zu legen, uns aufzuziehen, uns als Verlierer hinzustellen, uns einfach anzumachen. Das war fast genauso schlimm wie Schläge.

Wir wussten nicht mal mehr, ob das eine Strafe sein sollte, und schon mal gar nicht, für was er uns, wenn, hätte bestrafen wollen. Auf diese Art der Angriffe konnten wir uns nicht mal vorbereiten. Die nächtlichen Prügel dagegen hatten etwas Berechenbares. Die Demütigungen kamen aus heiterem Himmel. Konnten jederzeit passieren. Er musste nicht mal anwesend sein. Er musste nicht mal etwas tun, es reichte, wenn er etwas für uns Wichtiges einfach NICHT tat.

Besonders hart traf es mich im Sommer 1984. Für die anstehenden Sommerferien plante der Fußballverband Rheinland, mit einer Auswahl der in meinem Jahrgang besten Spieler des Kreises an dem Gothia-Cup in Göteborg/Schweden teilzunehmen. Über fünfhundert Mannschaften aus knapp dreißig Ländern hatten für diesen Sommer ihre Teilnahme bereits zugesagt. Ich war einer der Auserwählten. Stolz trainierte ich, so oft ich konnte. Wollte schließlich fit sein und niemanden enttäuschen.

Als mein Vater mitbekam, wie sehr ich diesem Turnier entgegenfieberte, tat er alles, um mir das zu vermiesen oder es sogar zu verhindern. Er hatte zwar im Frühjahr die Anmeldung unterschrieben, bezahlte aber nie, wie ich später erfuhr, die notwendigen 120 Mark. Ich hatte mich darauf verlassen und war ziemlich entsetzt, als mein Trainer mich ein paar Tage vor der Abreise darauf ansprach. Er sorgte sich, weil der Verband kurz davor war, mich von der Liste zu streichen. Die hatten meinen Vater mehrfach angeschrieben, um ihn aufzufordern, den fälligen Betrag zu überweisen.

»Ich? Dir die Reise bezahlen? Wie käme ich denn dazu?«, war seine Antwort, als ich ihn darauf ansprach. Ich werde dieses fiese Grinsen nie vergessen. »Sieh doch zu, wo du das Geld herbekommst. Von mir nicht! Basta!«

Ich war geschockt. Hatte der sie noch alle? Das hätte er mir auch früher sagen können. Ich fand das so gemein. Es ging gar nicht darum, dass er das Geld nicht hatte. Er wollte einfach nicht. Er machte das extra. Das war seine neue Art, mir weh zu tun. Der sollte mich kennenlernen!

»Der versaut mir die Reise nicht!«, beschloss ich, schwang mich noch am selben Abend noch auf mein Mofa, fuhr zum Verbandsbüro und beglich die offene Rechnung von meinem selbstverdienten Geld. Was für ein Triumph! Und ich werde ebenfalls nie vergessen, wie wütend er das Haus zusammengebrüllt hat, als er davon erfuhr.

Mit den Prügeln wartete er noch bis zur Nacht vor der Abfahrt. »Ich schlag dich windelweich! Warte ab!«

Er hielt Wort. Ich hatte keine Chance gegen ihn. Er zielte mit seinen Tritten und Schlägen auf meine Beine, meinen Brustkorb, meinen Kopf, meinen Nacken.

»Du sollst dich nicht rühren können, wenn du wegfährst!«

Ich kam vor Schmerzen am nächsten Morgen kaum bis zum Treffpunkt. Ich wusste echt nicht, ob ich spielen konnte. Genau das war sein Ziel. Während der langen Busfahrt versuchte ich, mich so gut wie möglich zu erholen. Ich hatte ja schon viel ausgehalten. Und eigentlich war ich auch recht geübt im Vertuschen. Aber diesmal? Wie sollte ich bloß die blauen Flecken vor meinen Mannschaftskameraden und vor allem vor den Betreuern verbergen? Die waren schließlich nicht blöd.

In Göteborg ergatterte ich eines der wenigen Einzelzimmer. Dort konnte ich meine Wunden in Ruhe versorgen und gucken, wo die Hämatome waren. Wenn das einer der Betreuer entdeckte, stellten die mich nicht mal auf. Die ließen mich einfach nicht spielen, dessen war ich mir sicher. Ich hatte Eiswürfel organisieren können, legte die Beine hoch und kühlte die betroffenen Stellen. Schon am nächsten Morgen waren die Schmerzen erträglicher. Und da wir noch kein offizielles Spiel hatten, konnte ich auch in längeren Hosen trainieren. Glück gehabt. Als sich dann herausstellte, dass wir für unser erstes Spiel erst eine Woche später antreten mussten, legte sich meine Aufregung. Und da ich auch keine neuen Prügel zu erwarten hatte, sollte bis dahin alles verheilt sein.

In unserem ersten Spiel gegen England sorgte ich für unser zweites Tor und damit für ein 2:2. Göteborg hatte aber noch mehr zu bieten als das Fußballturnier. Am spielfreien Tag fuhren wir alle zusammen in einen Vergnügungspark. Alle wollten Achterbahn, Loopings und andere Fahrgeschäfte. Außer mir. Ich wollte nicht. Es hatte mich schon Überwindung gekostet, aus meinem Fenster auszusteigen, als wir nach Dortmund wollten. Das war schon hart an der Grenze. Ich gestand ihnen meine Angst. Und sie ließen mich in Ruhe.

Das erste Mal in diesen Tagen hatte ich Zeit, einfach meinen Gedanken nachzuhängen. Mir kam meine Mutter in den Sinn. Wie sie sich gerade fühlte? Sie hatte wahrscheinlich die meisten Schläge von uns allen bekommen. Und wie machte sie das, sich immer noch schützend über uns Kinder zu werfen? Wieso spielte sie anderen immer die intakte Familie vor? Wer sie näher kannte, wusste: Sie hält das nicht mehr lange durch. Sie schluckte so viele Pillen, dass ich manchmal Angst hatte, dass sie irgendwann davon nicht mehr aufwacht.

Die Gedanken rasten durch meinen Kopf. Auch wenn meine Gebete nie erhört wurden, bat ich Gott trotzdem, mir wenigstens beim Wachsen zu helfen. Ich wollte nicht mehr der Schmächtigste in der Mannschaft und auch nicht mehr der Kleinste in der Klasse sein. Außerdem wollte ich meine Mutter beschützen und mich gegen meinen Vater körperlich wehren können. Mal so richtig wehren können. An mehr wagte ich nicht einmal zu denken.

Die nächsten zwei Spiele verloren wir und schieden aus dem Turnier aus. Noch am gleichen Tag ging es wieder zurück gen Heimat. Das mit dem Wachsen-Wollen hatte ich nicht vergessen. Das sollte keine fixe Idee bleiben. Es musste ja nicht unbedingt körperlich sein. Aber fitmachen konnte ich mich vielleicht.

Auf dem Weg zum Einzelkämpfer

Kung-Fu klang vielversprechend. Fand ich. Ich wusste, Kung-Fu zielte darauf, einen Gegner mit allen zur Verfügung stehenden Mitteln umgehend und komplett auszuschalten. Da meldete ich mich an. Zu meiner Überraschung startete jedes Training mit einer Meditation. Ich lernte tatsächlich, was es heißt, »Körper und Geist in Einklang zu bringen«. Erst im zweiten Teil des Trainings ging es dann körperlich zur Sache. Das mit der Meditation hatte einen wunderbaren Nebeneffekt. Ich lernte meine zitternden Hände in der Schule zu beeinflussen.

Getrieben von der Idee, meinem Vater Paroli bieten zu können, trainierte ich unermüdlich. Zunehmend traute ich mir mehr zu, wurde rigider beim Fußball, ließ mir nicht mehr alles gefallen und fühlte mich stärker und besser. Vor allem ließ ich mich nicht mehr von jedem kleinen Widerstand entmutigen.

Meinem Vater gefiel das überhaupt nicht. Er versuchte alles, um mich vom Kung-Fu abzubringen oder es mir zu vermiesen. Doch was auch immer er tat, es bewirkte das Gegenteil: Was auch immer er verbot, mich trieb das eher noch an, als dass es mich davon abhielt.

Mitunter wurde ich allerdings übermütig. Oliver und ich hauten ab und zu nachts von Hause ab, »liehen« uns das Auto unseres Vaters und nahmen an nächtlichen Autorennen teil. Ein wahnsinniger Nervenkitzel. Und so lange spannend, bis es den ersten Unfall gab. Gott sei Dank war es nicht unser Auto, und niemandem war etwas passiert. Und noch besser, unsere Eltern haben nie etwas davon erfahren.

Oliver und ich verzichteten ab da gern auf derartige Abenteuer, auch wenn einige unserer Freunde weitermachten. Ich wollte jetzt wenigstens die mittlere Reife schaffen. Fast wäre das noch misslungen. Eine Matheprüfung war so schlecht ausgefallen, dass es nur drei Vieren gab, und ansonsten hatten alle anderen den Test gar nicht bestanden. »Meinen Sie nicht, dass ein so schlechter Durchschnitt auch auf die Qualität Ihres Unterrichts schließen lässt?«, wagte ich in meiner Funktion als Klassensprecher die Lehrerin vor versammelter Mannschaft zu fragen. Nach weiteren Diskussionen zwischen Eltern, Lehrern und Schülern wurde der Test dann Gott sei Dank aus der Wertung genommen. Da ich nicht ganz unbeteiligt war, erntete ich glatt Applaus dafür. Von meinen Mitschülern. Ich lernte, dass Kämpfen sich lohnt, auch in scheinbar aussichtslosen Situationen.

Doch es gab schon bei der heißersehnten Abschlussfeier sofort wieder einen Rückschlag: Als mir unser Direktor auf der Bühne des Festsaals vor allen Eltern mein Abschlusszeugnis in die Hand drückte, genügte ein Blick auf meine Zensuren: eine Fünf in Mathe. Ungenügend. Schock. Ich hielt umgehend Ausschau nach der Mathelehrerin. Als sich ihre und meine Blicke trafen, lächelte sie überheblich. Tja, das war wohl die Quittung für das Theater mit dem Mathetest. Da hatte ich ihr offensichtlich schwer auf die Füße getreten. Ich hatte wenigstens mit einer Drei, einem Befriedigend, gerechnet. Wieder mal saß eine Erwachsene am längeren Hebel. Hätte von meinem Vater sein können, diese Note.

Ich hatte mich in den Wochen vor dem Abschluss um einen Ausbildungsplatz als Koch bemüht. Sogar erfolgreich. Eigentlich hatte ich vor, am Tag der Zeugnisvergabe meinen Eltern stolz den Vertrag zur Unterschrift vorzulegen. Mit sechzehn Jahren durfte ich ihn nicht selbst unterschreiben und war auf deren Einverständnis angewiesen. Doch der Tag endete in jeder Hinsicht anders als geplant oder gewünscht: Weder meine Mutter noch mein Vater war bereit, den Vertrag zu unterzeichnen. Sie hatten meine Zukunft längst verplant. Ohne mich zu fragen, hatten sie mich schon vor Monaten auf einer Privatschule in Koblenz angemeldet. Dafür hatte das recht gute Halbjahreszeugnis gereicht. Statt in der Küche eines angesagten Spitzenrestaurants landete ich also in einer Eliteschule, die auch noch Geld kostete. Für den Tag war ich erst mal bedient. Und weder dankbar noch erfreut.

Trotzdem: Mit dem Abschluss der Realschule begannen neue Zeiten. Als 16-Jähriger durfte ich in einem Ortsverein Mitglied sein, in dem sich junge Menschen regelmäßig trafen, um – das war zumindest mein Eindruck – vor allem das Trinken zu üben. Ich wollte nicht als Memme dastehen und trank mit. Leider vertrug ich den Alkohol nicht, mir wurde vom Bier meist schlecht. In der Rückschau ist es mir ein Rätsel, was mich an diesem Verein überhaupt gereizt hatte. So leicht es gewesen war, reinzukommen, so schwer kam man wieder raus. Die einzige Chance, problemlos »entlassen« zu werden, war die Hochzeit. Ernsthaft. Also war das für mich unabsehbar.

Zum Glück spielte ich noch Fußball. Ziemlich hoch sogar. Nur deswegen respektierten die Trinkfreunde meine Abstinenz. Und noch besser war, dass mein Trainer auch kein großer Freund des Alkohols war. Ihm war es vor allem ein Dorn im Auge, dass der Alkohol auch bei den Fußballern in rauen Mengen genossen wurde: Stichwort: dritte Halbzeit. Echt ein Fluch, das Zeug.

Ich hörte viel Musik. Wie meine Brüder auch. Bei Wolfgang lief immer Rockmusik. Laut. Oliver liebte Hardrock und Punk. Vor allem an den Abenden nach den Prügelnächten klang sie laut aus deren Zimmern. Ich musste mir erst eine richtig gute Stereoanlage kaufen, bevor ich meine Balladen von Chris Rea oder Joe Cocker ungestört hören konnte. Wenn Herman van Veen mit seinem Lied »Dein Gesicht« fragte: »Wer hat das Licht gelöscht in dir?«, fühlte ich mich einfach verstanden. Erlaubte mir sogar manchmal, in meine

Kissen zu heulen. Das konnte ja keiner sehen. Die Musik half mir oft durch die schlaflosen Nächte.

Ich sehnte mich nach der Ruhe, die wir anfangs nach der Rückkehr ins Haus erlebt hatten. Doch das gab es schon lange nicht mehr. Längst hatte sich jeder von uns mit seinen Sorgen im eigenen Zimmer verbarrikadiert. Wir redeten immer weniger miteinander, trafen uns nur noch mehr oder weniger zufällig in der Küche oder auf dem Flur. Es gab nicht mal mehr gemeinsame Fernsehabende, weil inzwischen jeder einen eigenen Apparat im Zimmer hatte. Jeder war auf sich selbst gestellt. Jeder ein Einzelkämpfer. Die Familie war zerlegt. Das laste ich noch heute meinem Vater an.

Ein Punk und ein endlich entmachteter Despot

Wolfgang hatte inzwischen seine Maurerlehre beendet und sein Fachabitur bestanden. Während er auf seinen Studienplatz wartete, startete Oliver seinen Protest gegen meine Eltern. Eigentlich nicht nur gegen meine Eltern, sondern gegen alles, was nach »Zuhause« roch.

Er lebte inzwischen in einer zerfetzten Jeans, einer bunt bemalten Lederjacke und Springerstiefeln. Seinen Kopf schmückte ein Irokesenschnitt. Er war jetzt Punk. Der sicherste Weg, nicht nur zum Dorfgespräch zu werden, sondern auch meinen Vater zur Weißglut zu bringen.

Der hatte sich mal wieder in einer seiner Stammkneipen betrunken. Wohl von seinen Kumpanen gegen Oliver aufgehetzt, randalierte er dann nachts im Flur herum. Ich war von seiner Schreierei wach geworden und wollte gerade auf den Flur, um zu sehen, was da los ist, da klopfte es an der Tür.

Meine Mutter hatte schon versucht, Wolfgang zu wecken. Der war aber bei seiner Freundin. Wie gut für ihn! Jetzt bat sie mich, Oliver zu helfen. »Dem Kleinen«, wie sie es nannte. Noch stand mein Vater in der Tür zu Olivers Zimmer. Was er noch nicht wusste, aber ich: Oliver war in der Nacht unbemerkt aus dem Haus geschlichen. Wahrscheinlich feierte er irgendwo mit seinen Punkfreunden.

Mein Vater brüllte in den dunklen Raum. Unbeherrscht, wutschnaubend, drohend. Ich sagte nichts, und während er dort tobte, nahm ich meine Mutter an die Hand, wir schlichen zusammen in den Keller und schlossen uns im Heizungskeller ein. Ich ahnte, was er mit meiner Mutter oder mir machen würde, sobald er das leere Bett bemerkte. Meine Mutter weinte still vor sich hin.

Selbst nach zwei Stunden dort im Heizungskeller war ich noch angespannt, als ich die Tür wieder öffnete. Ich verließ mich auf nichts mehr. Wir hofften einfach inständig, dass mein Vater inzwischen schlief.

Meine Mutter ging in Wolfgangs Zimmer und ich in meins. Oliver tauchte erst zwei Tage später wieder auf. Und das auch nur, um Wäsche zu wechseln. Er packte weitere Klamotten in seinen Rucksack und verschwand wieder. Ohne sich zu verabschieden. Erst Tage später tauchte er am frühen Nachmittag auf, wieder nur, um frische Sachen zu holen. Womit er nicht gerechnet hatte: Mein Vater war an diesem Tag ausnahmsweise mal früher von der Arbeit nach Hause gekommen.

Ich war gerade in der Küche und schmierte mir ein Brot, meine Mutter war unterwegs. Als Oliver gerade Richtung Haustür ging, stand plötzlich mein Vater vor ihm.

»Wo willst du denn hin?«, stellte er sich ihm in den Weg.

»Das geht dich gar nichts an«, rotzte Oliver ihm entgegen. Grund genug für meinen Vater, umgehend die Nerven zu verlieren.

»Ach! Das geht mich nichts an?«, schrie er zurück. »Das

ist ja interessant! Noch habe ich hier das Sagen! Und jetzt ab in dein Zimmer! Sofort!«

Oliver blieb einfach stehen. Es sah nicht so aus, als wenn ihn das interessierte oder beeindruckte, was mein Vater da von sich gab. Ohne meinen Vater anzusehen, bewegte er sich mit seinem Rucksack in der Hand in Richtung Haustür. Dort baute sich jetzt allerdings mein massiger Vater auf, versuchte dem widerspenstigen Sohn den Weg zu versperren. Doch Oliver zeigte sich unbeeindruckt.

»Mach mir den Weg frei!«, fuhr er meinen Vater an.

Ich zuckte zusammen. Und der alte Herr explodierte.

»Das ist ja noch schöner! Ich soll mir hier von dir in meinem eigenen Haus auch noch drohen lassen! Das wüsste ich aber! Nein! So weit kommt das noch! Einmal noch, dann ... dann ...«

»Was denn?«, hielt Oliver gegen. Richtete sich lang auf. »Nur dass du es weißt: Mir reicht die Scheiße jetzt hier. DU hast mir lange genug das Leben zur Hölle gemacht. Schluss damit! Und jetzt mach den Weg frei!«

Das klang sehr bestimmt. Ganz schön mutig, mein Bruder. Alle Achtung! Recht hat er, beschloss ich, mal wieder. Auch ich hatte die Nase so voll davon. Wofür trainierte ich so hart? Wofür war ich so stark geworden? Wofür stemmte ich denn täglich Fünf-Kilo-Hanteln?

Als die Situation zu eskalieren drohte, ging ich zur Tür. Mein Vater wollte gerade handgreiflich werden, da stellte ich mich dazwischen.

»Fass Oliver nicht an!«, zischte ich ihm entgegen. Oliver guckte ganz erschrocken, mein Vater erst irritiert, dann richtig wütend.

»Was ist denn heute hier los?«, schrie er. »Spinnt ihr jetzt alle, oder was?«

»Nee. Hier spinnt keiner außer dir. Und wir lassen uns das nicht mehr gefallen! Basta!« Mein Herz klopfte bis zum Hals. Ich kannte mich selbst kaum wieder.

»Prügle, wen du willst, aber nicht mehr uns! Und jetzt lass Oliver aus der Tür!«, schrie ich ihn an.

»Wer wird denn hier unverschämt? Tickt ihr noch ganz sauber? Solange ihr die Füße unter meinen Tisch stellt …«

Oliver und ich äfften ihn im Chor nach: »… habt ihr zu tun, was ich euch sage!«

Mein Vater kochte vor Wut. »Los jetzt! Ab in eure Zimmer. Aber flott! Bevor ich euch windelweich schlage!«

»Genau das meine ich. Deine ewigen Drohungen! Deine Prügel! Es ist vorbei. Uns machst du damit keine Angst mehr. Wir können uns jetzt wehren! Verstanden?«

Es war, als wenn ich mir von außen zugesehen oder zugehört hätte. Konnte selbst kaum glauben, was ich dem Alten gerade an den Kopf warf. Aber: Er spurte, wich zur Seite und gab die Haustür frei.

»Willst du hier echt mit dem alleine bleiben?«, fragte Oliver mich mit Blick auf meinen Vater. »Komm doch mit.«

Ich ging wirklich mit. Es wäre mir nicht geheuer gewesen, mit meinem Vater allein im Haus zu bleiben; da hatte Oliver schon recht. Und, ehrlich gesagt, ich war auch neugierig auf seine Freunde. Wir waren sogar ein bisschen stolz, als wir das Haus verließen. Hatten tatsächlich das Gefühl, ihn entmachtet zu haben, diesen Despoten. Das erste Mal seit langem sprachen wir wieder miteinander. Endlich.

Eine schreckliche Party und ein wunderbares Simsalabim

Es waren noch Ferien. Wir fuhren mit Bus und Bahn nach Koblenz. In der Fußgängerzone auf einem großen Platz trafen sich die Punker der Region, um allein mit ihrer äußeren Erscheinung gegen die kapitalistisch geprägte und erzkonservative Gesellschaft zu rebellieren. Laute Musik dröhnte aus Ghettoblastern. Sex Pistols, Bad Religion, The Clash, Die Toten Hosen. Die Punks tanzten dazu mit Bierdosen in der Hand provokativ zwischen den Passanten. Wenn die sich angeekelt wegdrehten, den Kopf schüttelten, schneller gingen, drehten die Provokateure erst richtig auf.

So ganz wohl fühlte ich mich nicht. Richtig dazu gehörte ich nicht. So wie ich aussah, in meinem Aufzug, der in deren Augen eher dem eines Poppers glich oder dem eines »Snobs«, wie sie es nannten. Erst als ich mir ein Bier schnappte und mich zu ihnen auf den Boden setzte, redeten sie auch mit mir. Luden mich sogar noch auf eine Party ein. Ich ging mit. Aus heutiger Sicht: ganz schön naiv.

Selbst mein Bruder war erstaunt darüber, dass ich mitkam. Ich hatte allerdings auch nicht die geringste Vorstellung von dem, was da passieren sollte. Wenn ich ehrlich bin, war ich völlig überfordert mit dem Abend. Die Party stieg in einer Villa im nahegelegenen Neubaugebiet. In der Gegend schienen nur Menschen zu leben, die wirklich reich waren, nicht nur »bessergestellt«, so wie unsere Eltern. Alles war größer, heller, teurer, breiter, nobler, wertvoller, höher und prunkvoller, als ich es je zuvor gesehen hatte. Der Gastgeber hatte sturmfreie Bude. Den Sturm allerdings machten die Punks in jener Nacht. Jeden Winkel des Hauses besetzten sie, aßen und tranken alles, was ihnen zwischen Keller und Dachboden in die Finger kam. Benutzten alles, was da war. Sie randalierten, waren betrunken und bekifft.

Irgendwann hielt ich es nicht mehr aus, sagte Oliver Bescheid und verließ die Party. Mir war das echt unheimlich. Eine Woche später erfuhr ich von meinem Bruder, dass in dem Haus ein Schaden in Höhe von über dreißigtausend Mark entstanden war. Und die Eltern des Gastgebers bestanden darauf, dass der Schaden von den Verursachern beglichen wurde. Oliver erzählte mir später, dass die Partygäste gerade mal fünftausend Mark zusammenbekommen hatten. Der freundliche Gastgeber blieb auf dem Rest sitzen.

Mir hat der kurze Ausflug ehrlich gesagt gereicht. Ich wusste genug, um mit den Punks keine Zeit mehr verbringen zu wollen. Vielleicht war ich spießig, aber diese Art von Party war definitiv nichts für mich.

Ich war zu dieser Zeit eh ganz zufrieden mit mir. In der Schule lief alles bestens. Im ersten Halbjahreszeugnis gehörte ich mit einem Notendurchschnitt von 1,9 zu den Besten der neuen Schule. Ich war inzwischen zehn Zentimeter gewachsen, und auch mein regelmäßiges Training machte sich bemerkbar. Mein Vater wagte nicht mehr, mich anzufassen.

Wütend und betrunken war er allerdings immer wieder. Nur ließ er das jetzt vermehrt an meiner Mutter aus. Um sie vor den schlimmsten Attacken zu bewahren, blieben Wolfgang und ich im Wechsel an den Wochenenden zu Hause. Zu dieser Zeit hatten wir beide eine Freundin, und lieber verbrachten wir unsere Zeit natürlich bei denen zu Hause als bei uns. Aber anders ging es nun mal nicht in der Situation.

Es war inzwischen Februar 1986. Eines dieser Wochenenden, das ich zu Hause verbrachte. Mitten in der Nacht wurde ich wach. Aufgeschreckt durch laute Hilfeschreie meiner Mutter, rannte ich zur Tür. Mein Vater schrie auch. In dem Moment, als ich meine Zimmertür öffnete, fiel meine Mutter mir entgegen. Mein Vater war kurz hinter ihr. Noch bevor mein Vater sie zu packen bekam, schob ich mich dazwischen, sie fiel in den Raum, und ich baute mich im Türrahmen auf. In dem Türrahmen. Genau. Mein Vater zuckte zurück. Er kam kein bisschen näher, schrie aber irre laut weiter.

»Los! Aus dem Weg! Sofort!« Seine Stimme überschlug sich. »Lass mich durch! Sonst erlebst du ein blaues Wunder!«

Du arme Wurst, dachte ich mir. »Vergiss es! Hier kommst du nicht rein! Verpiss dich! Schlaf deinen Rausch aus.«

Er war aber so voll, dass er nicht nachgeben wollte. »Das ist mein Haus! Und ich geh hin, wo ich will! Da lass ich mich doch nicht von aufhalten! Du Hampelmann!«

Er fuchtelte mit den Händen vor meinem Gesicht herum. »Ein letztes Mal! Geh mir aus dem Weg!«

Ich nahm allen Mut zusammen und machte einen Schritt nach vorn. Das Herz schlug mir bis zum Hals. Eine Sekunde. Zwei Sekunden. Er starrte mich an. Ich starrte zurück. Und dann: Ich konnte es nicht glauben, aber: Er wich zurück. Ob er Angst hatte? In meinem Kopf drehte sich alles. Ach egal. Ich nutzte die Gelegenheit, holte tief Luft, nahm beide Hände hoch, zeigte auf ihn und sagte ganz langsam: »Du verschwindest sofort ins Schlafzimmer. Sonst passiert hier ein Unglück.«

Es war, als hätte ich den ultimativen Zaubertrick entdeckt und Simsalabim gesagt: Ohne ein weiteres Wort drehte er sich um und verschwand im Schlafzimmer.

Die neueste Art der Gewalt: Unterlassung

Donnerstagmorgen. Zweite Stunde. Ich konnte mich nur schlecht konzentrieren an dem Tag. Kurz vor der Pause dröhnte es aus dem Lautsprecher: »Markus Breitscheidel, bitte in der Pause ins Büro des Direktors kommen.«

Huch! Ich? Was soll ich denn bei dem? Was will der denn von mir? Das letzte Mal war ich ins Büro eines Direktors zitiert worden, als der mir Michaels Sterben verkündete. In meinem Kopf schwirrten Erinnerungen. Dazu mischte sich ein schlechtes Gewissen. Nicht, dass ich gewusst hätte, wofür ich eines hätte haben sollen. Ich hatte einfach eins. So wie ich mich auch immer meinem Vater gegenüber schuldig gefühlt hatte, wenn der mich prügelte.

Die Sekretärin führte mich direkt ins Büro des Direktors. Er telefonierte noch und deutete mir währenddessen an, ich möge mich setzen. Endlos fühlten sich die paar Minuten an, die er noch am Apparat hing.

»Guten Tag, Markus. Ich habe Sie zu mir gerufen, weil ich mit Ihnen ein sehr unangenehmes Thema zu besprechen habe. Also: Ihr Vater hat uns vor ein paar Tagen die Einzugsermächtigung für sein Konto entzogen, und somit können wir die fälligen Schulgebühren nicht mehr einziehen.«

Schlagartig dachte ich an unsere Begegnung am letzten Wochenende. Mist. Und ich Idiot hatte zu Hause vor kurzem auch noch erzählt, dass genau wegen so was ein Mitschüler die Schule verlassen musste. Damit hatte ich wirklich nicht gerechnet. Der machte immer, was er wollte. Immer wieder schaffte er es, mir zu beweisen, wer das Geschehen bestimmte. Wie an dem Zeugnistag, als er mir die Ausbildung zum Koch verweigert und er mich einfach auf der Schule angemeldet hatte. Jetzt drehte er einfach den Geldhahn zu, gerade als ich mich hier sicher fühlte und genoss, da zu sein. Ständig ließ er sich was Neues einfallen. Immer ging es nach seiner Nase. Wieder wollte er mir alles kaputtmachen.

Ich war echt am Ende. Doch dem Direktor konnte ich schlecht erzählen, was bei uns daheim los war. Ich schämte mich so. Ohnmacht stieg in mir hoch: »Ja, und was kann ich jetzt tun?«

»Noch müssen Sie sich keine Sorgen machen, Markus. Immer mit der Ruhe. Ich rate Ihnen allerdings, so schnell wie möglich mit Ihrem Vater darüber zu sprechen und dafür zu sorgen, dass die Einzugsermächtigung wieder erteilt wird.«

»Und wenn er das nicht macht?«, fragte ich voller böser Vorahnung.

»Das würde dann allerdings schwierig. Doch so weit wird es sicher nicht kommen«, antwortete er, klopfte mir Mut machend auf die Schulter und verabschiedete mich.

Ich war ratlos, fühlte mich, als hätte ich den Boden unter

den Füßen verloren. Mein Vater schaffte es immer wieder. Ich fühlte mich diesem rachsüchtigen, versoffenen, machtgierigen Mann ausgeliefert. Ich hasste ihn dafür. Immer wieder musste er mir zeigen, dass er derjenige war, der das Geld hatte und damit über mich bestimmen konnte. Ich war wütend, traurig und fühlte mich so verloren.

Bis zum Unterrichtsschluss verfolgten mich die düsteren Gedanken. Ich hatte Angst. Um mich. Um meine Zukunft. Und ich hatte Angst davor, mit ihm am Abend darüber sprechen zu müssen. Ich wollte nicht streiten. Mit ihm schon mal gar nicht. Vielleicht hatte ich mich das eine oder andere Mal ihm widersetzt, aber deshalb suchte ich noch lange keine Auseinandersetzung mit ihm oder Gespräche. Ich war nicht auf Konflikte aus. Mit niemandem. Und auf welche mit ihm erst recht nicht. Ich konnte das gar nicht. Bis heute weiche ich unangenehmen Gesprächen lieber aus.

An diesem Tag sollte das anders sein. Ich war wild entschlossen, noch am gleichen Abend mit ihm zu sprechen. Ich wollte ihn dazu bringen, weiter für meine Schule zu zahlen. Wie auch immer.

Bis zur Haustür war ich durchaus motiviert. Als meine Mutter mir die Tür öffnete, traute ich mich schon nicht mehr, ihr davon zu erzählen. Ich verzog mich in mein Zimmer, und dort rang und kämpfte ich mit mir selbst. Bis zum Abend. Es war ruhig zu Hause, ausnahmsweise. Sollte ich diese Ruhe wirklich stören? Doch wenn ich das nicht tat, stand mein Schulbesuch auf dem Spiel! Wieso konnte der Direktor das nicht für mich erledigen?

In diesem Moment sah ich meinen Vater zur Garage gehen. Und tat etwas, was ich sonst nie tat. Ich ging ihm nach. Er wollte gerade die Holzleiter zu seinen Tauben hochsteigen.

»Unser Schulleiter hat mich heute in sein Büro gerufen!«, sprach ich ihn von hinten an. Er stutzte, blieb stehen und schaute sich zu mir um.

»Ja, und?«, fragte er.

»Er hat mir mitgeteilt, dass du die Zahlungen an die Schule eingestellt hast. Kann das stimmen?«

Er kletterte einfach die Leiter hoch zu den Tauben, sagte nichts, schaute mich nicht an. Ignorierte mich einfach.

Ich folgte ihm lieber nicht. Redete von unten aus weiter: »Deine Reaktion reicht mir eigentlich als Antwort schon aus! Du hast das gemacht. Ich fasse es nicht. Es geht um meine Zukunft. DU hast mich auf der Schule angemeldet. Das lass ich mir nicht gefallen!«

»Tja, das hast du davon. Du Esel! Was glaubst denn du? Dass ich deine Frechheiten einfach durchgehen lasse und noch für dich bezahle? Das wüsste ich aber. Du bist selbst schuld.« Er fütterte seelenruhig seine Tauben.

»Dann willst du tatsächlich das Schulgeld nicht mehr bezahlen?«, versuchte ich ihn noch mal umzustimmen.

»Das kannst du abhaken!«, zischte er. Ich traute meinen Ohren nicht.

Breitscheidel gegen Breitscheidel

Ich war frustriert, aber wütend genug. Am nächsten Morgen schwänzte ich die Schule und ging zum Jugendamt. Ich wollte über meine Rechte Bescheid wissen und erfuhr zu meiner großen Freude, dass mein Vater zur Zahlung verpflichtet war. Doch derlei zu wissen bedeutete noch nicht, dass ich auch wusste, wie ich es anstellen sollte, dass er dieser Pflicht auch nachkam.

Dazu brauchte ich die Hilfe meiner Mutter. Ich weihte sie am Wochenende ein, sie sagte mir ihre Unterstützung zu, und so machte ich mich auf die Suche nach einem Anwalt. Den würde ich nämlich brauchen, um meine Forderung durchzusetzen. Gar nicht so einfach. Wie ich bald erfuhr, war es keineswegs üblich, dass ein Sohn gegen seinen Vater gerichtlich vorging. Ich erhielt eine Absage nach der anderen. Doch ich ließ nicht locker. Nach endlos vielen Telefonaten sagte mir endlich ein Anwalt zu, den Fall zu übernehmen. Doch als ich bei ihm in der Kanzlei auftauchte, versuchte er tatsächlich, mich von meinem Vorhaben abzubringen. Erzählte was über Konsequenzen meines Handelns. Predigte was von Familiensinn. Ich ließ mich nicht beirren. Und schließlich verfasste er den Brief, mit dem er meinen Vater offiziell abmahnte.

Als der am nächsten Tag den Brief per Einschreiben vom Postboten in die Hände gedrückt bekam, ihn aufgerissen und gelesen hatte, kochte er vor Wut.

»Vergiss es!«, zischte er wütend. »Das ist doch lächerlich! Was versprichst du dir denn davon? Niemals werde ich zahlen! Niemals!«

»Wenn du nicht anders willst!«, dachte ich nur bei mir. Dann werde ich kämpfen. Wohl wissend, dass ich noch bei ihm im Haus lebte.

Wir waren es gewohnt, aneinander vorbeizuleben. Doch nun verschärfte sich die ohnehin dauerhaft angespannte Situation. Mein Vater ließ sich fast jeden Tag was Neues einfallen, um mich zu demütigen, zu ärgern, auflaufen zu lassen. Er stellte immer mal wieder den Strom in meinem Zimmer ab. Meiner Mutter verbot er zeitweise, mir Essen zu kochen; währenddessen kaufte ich das Nötigste von meinem selbstverdienten Geld. Ich hielt durch.

Schon vier Wochen später eröffnete der zuständige Richter das Verfahren gegen meinen Vater. Breitscheidel gegen Breitscheidel. Fühlte sich irgendwie gut an. Als hätte ich was geschafft, was ich noch nie geschafft hatte vorher.

Es tat so gut, mitzubekommen, wie der Richter meinen Vater in seine Schranken wies, ihn nicht nur dazu verdonnerte, das längst überfällige Schulgeld zu zahlen, sondern auch noch die Kosten des Verfahrens zu übernehmen. Sieg. Wahnsinn. Ich war so stolz. Und so froh.

In meinem Umfeld kritisierten viele, dass ich gerichtlich gegen meinen Vater vorgegangen war. Aber das war und ist mir egal. Bis heute. Schließlich ging es dabei um meine Zukunft, und diese hatte ich mir zu Recht erkämpft. Das Zusammenleben wurde allerdings unerträglich. Immer wieder dachte ich darüber nach, ob ich nicht doch besser ausziehen soll. Aber dann wäre meine Mutter allein mit meinem Vater gewesen. Dazu war ich zu feige. Ich hätte mir nie anhören wollen, dass ich schuld gewesen wäre, wenn er sich weiter an ihr vergangen hätte.

Ab und zu bekam ich Asyl bei meiner Freundin und konnte mich da erholen. Trotz dieser angespannten Lage zu Hause gelang es mir, mich weiter auf die Schule zu konzentrieren. Vielleicht auch genau deswegen. Wer weiß das schon.

Fassungslos, wozu ich imstande war

Die zwölfte Klasse schaffte ich mit durchweg überdurchschnittlichen Leistungen. Ich belohnte mich mit einem Ticket für Rock am Ring! Drei ganze Tage Party mit vielen Freunden. Drei Tag nicht an zu Hause denken. Drei Tage trinken, tanzen, hängenlassen. Das brauchte ich jetzt. Alles dauerte viel länger, als ich es mir vorgestellt hatte. Und womit ich nicht gerechnet hatte, ich traf Oliver.

Wochenlang hatte der sich zu Hause nicht blickenlassen, wusste noch gar nichts von den Dramen, die sich da abgespielt hatten. Er war mit seinen Punkfreunden da. Ich freute mich zwar, ihn zu sehen. Aber er sah schrecklich aus. Dunkle Ränder unter seinen Augen, ganz schön dünn geworden, sehr müde sah er aus. Seine Art von Protest gegen unser Elternhaus. Ganz schön heftig, dachte ich nur. Sagte aber nichts dazu.

Wir tranken zusammen ein Bier und blieben eine Weile nebeneinander sitzen. So lange, bis die Party wieder abging, die Punks andere demütigten, schlugen, abfüllten. Unweigerlich musste ich an die Party in der Villa denken. Ich habe es zwar nie probiert, aber ich stand einfach nicht auf Drogen, nicht auf Kiffen, nicht auf Alkohol. Nur ab und zu trank ich ein Bier. Damit galt ich als Sonderling. Ja, das fürchtete ich noch immer. Es fiel mir nicht leicht, nicht dazuzugehören.

Irgendwann habe ich mich einfach von der Gruppe abgesetzt und bin in der Menschenmenge untergetaucht. Befreit von dem Druck, unbedingt Alkohol trinken zu müssen, genoss ich besonders den letzten Konzerttag. Nüchtern und mit mir völlig fremden, aber friedlichen Menschen. Am nächsten Morgen nutzte ich früh die Abreisewelle, um nach Hause zu trampen. Das klappte auch.

Die Stimmung zu Hause war gewohnt bedrückt. Als ich meine Mutter sah, bekam ich sofort ein schlechtes Gewissen. Sie sah aus, als hätte sie richtig Prügel bezogen. Sie tat mir so leid! An dem Tag allerdings wurde mir auch klar: Ich kann nicht aus Angst um sie auf alles verzichten. Meine Brüder machten, was sie wollten, mein Vater tat ohnehin, wonach ihm war. Ich konnte ihr nicht helfen. Wie lange sollte das denn noch so gehen? Ich konnte doch nicht jedes Mal, wenn ich ein bisschen Spaß hatte, den ganzen Tag lang ein schlechtes Gewissen haben, weil ich sie alleingelassen hatte. Solche Fragen beschäftigten mich bis zu meinem Schulabschluss.

Bis dahin änderte sich nichts. Waren Wolfgang oder ich nicht im Haus, vermöbelte mein Vater meine Mutter. Da ich immer noch keine Lösung gefunden hatte und zu feige war, einfach zu gehen, entschied ich mich, zunächst eine Ausbildung beim ortsansässigen Steuerberater zu beginnen. So blieb ich in der Nähe meiner Mutter und konnte sie wenigstens zeitweise beschützen.

Knapp zwei Monate später feierte ich mit Freunden im

Jugendclub der Siedlung meinen 19. Geburtstag. Wolfgang war zu dieser Zeit mit seiner Freundin in den Urlaub gefahren. Als ich nach der Party zu Fuß nach Hause ging, sah ich schon von weitem Licht im Haus. Im Wohnzimmer und in der Küche. Es war schon spät, und ich wurde stutzig. Ich ging schneller. Das konnte nichts Gutes bedeuten. Mich packte die Angst. Ich rannte, so schnell ich konnte.

Mit zitternden Händen versuchte ich den Schlüssel ins Schloss zu bekommen. Mist. Schon draußen hörte ich die Schreie meiner Mutter. Endlich die Tür geöffnet, sah ich meinen Vater meine Mutter an den Haaren auf dem Boden ins Wohnzimmer zerren. Er hatte mich nicht gehört und nicht gesehen. Ich fiel ihn von hinten an und riss ihn von meiner Mutter weg. Er ließ sie los. Stolperte, verlor das Gleichgewicht, fiel hin, landete kurz vor mir auf dem Marmorboden. Noch bevor er sich wieder aufrappeln konnte, griff ich ein zweites Mal zu und drückte ihn mit meinem ganzen Gewicht gegen den Boden. Mein Herz schlug mir bis zum Hals. Ich schnappte nach Luft. Hatte tierische Angst, dass er sich wehrt. Ich nahm allen Mut zusammen, schmiss mich auf ihn und nahm ihn in den Schwitzkasten. Für irgendwas musste dieses Training doch gut gewesen sein.

»Tickst du noch ganz sauber?«, schrie ich ihn an. Ich drückte ihm kurz die Luft ab. Er versuchte, sich zu befreien. Ich ließ ihm wenigstens wieder etwas Luft.

»Ich bring dich um!«, schrie er. »Ich bring dich um. Darauf kannst du dich verlassen!«

Ich drückte ihm wieder die Luft ab. Ließ ihn nicht los. Zum ersten Mal hatte ICH Kontrolle über ihn! Wie ich ihn hasste. Ich konnte es gar nicht glauben, war erstaunt und erschrocken gleichzeitig. Ich konnte einfach nicht loslassen. Meine Mutter muss mir das angesehen haben. Aus Angst vor einer weiteren Eskalation schaltete sie sich ein:

»Werner! Komm zur Vernunft! Das hat doch keinen Sinn!«, versuchte sie meinen Vater zu beruhigen. Der randalierte weiter. Und ich drückte wieder zu. Ich war so wütend und so verzweifelt und hielt seine Kehle so lange umschlossen, bis er unter mir zu Boden sackte. Erst als ich ganz sicher war, dass ich nichts mehr von ihm zu befürchten hatte, ließ ich los.

Ich war fassungslos. Tränen stiegen mir in die Augen. Ich war wütend auf ihn, konnte gleichzeitig selbst nicht fassen, was ich da gerade gemacht hatte, was mir gelungen war und wozu ich imstande war. Ich schaute meine Hände an, dann ihn, dann wieder meine Hände.

Meine Mutter kippte ihm ein Glas Wasser ins Gesicht. Er kam wieder zu sich. Er nutzte seine letzte Kraft, um sich die Treppe hinauf ins Schlafzimmer zu schleppen. Meine Mutter und ich setzten uns im Wohnzimmer aufs Sofa. Bestimmt eine Stunde hockten wir da, bevor wir uns trauten, es zu verlassen. Ich ging schlafen. Schöner Geburtstag, dachte ich mir noch, bevor ich einnickte.

Ich muss sehr tief geschlafen haben. Nicht mal mitbekommen hatte ich, dass mein Vater in mein Zimmer gekommen war und sich an meinem Schrank zu schaffen machte. Ich schreckte hoch und sah ihn die Sachen aus dem Schrank schmeißen. Alles lag davor auf dem Boden. Als er bemerkte, dass ich aufgewacht war, schrie er:

»Du hast genau zwei Stunden Zeit, um deine Siebensachen zu packen. Dich will ich in meinem Hause nicht mehr sehen!«

Pause.

»Verstanden?«, setzte er nach. Und rannte aus dem Zimmer.

Ich überlegte nicht lange. Fing sofort an zu packen. War innerlich taub. Hatte Angst. War froh. Dachte an den Tag, an dem wir in die Siedlung gezogen waren. Stand hilflos vor meinen Sachen und wusste nicht, was wichtig war und was nicht. Ich schmiss das vermeintlich Wichtigste in zwei Sporttaschen und verließ das Haus. Verabschiedete mich nicht mal von meiner Mutter.

Ein Freund bot mir Unterschlupf im Partykeller seiner Eltern. Aber ohne Bad und Küche war das nichts. Ich musste eine Bleibe finden. Ich tat mich mit meinem Freund Thomas zusammen. Der suchte auch schon eine Weile.

Zu zweit fanden wir schneller eine bezahlbare Wohnung. Mitten in der Cochemer Altstadt. Wir teilten uns knapp vierzig Quadratmeter. Das reichte uns beiden. Während wir Wände strichen, Möbel schleppten und die Einweihung feierten, tobte mein Vater zu Hause.

Inzwischen hatte ich meine letzten Sachen aus der Wohnung geholt. Damit hatte er nicht gerechnet. Er war machtlos. Hatte keinen Zugriff mehr auf mich. Nicht mal mehr mit Geld konnte er mich kriegen. Chapeau! In dem Moment war ich froh, dass ich statt eines Studiums die Ausbildung angefangen hatte. Richtig froh. Und stolz!

Es gab allerdings immer noch meine Mutter, die ihm hilflos ausgeliefert war. Aber um nichts in der Welt wäre ich jetzt zurückgegangen. Zum Glück erklärte sich mein großer Bruder bereit, nun an jedem Wochenende zu Hause zu sein; deswegen trieb mich nun das schlechte Gewissen, jetzt ihn alleine diese schwere Last tragen zu lassen. Das Gewissen war eine ganze andere Macht, die mich im Griff hatte. Die mich immer umtrieb.

Mein Bruder Wolfgang und ich machten einen Deal: Wenn er in den Urlaub fuhr, ging ich statt seiner an den Wochenenden zu meiner Mutter. Das hielt meinen Vater zwar nicht davon ab, sich unter der Woche an meiner Mutter zu vergehen, aber zumindest konnten wir sie so vor dem einen oder anderen Angriff an Wochenenden beschützen.

Versprechen gebrochen – endlich vorbei

Für den Herbst 1989 wurde ich zum Wehrdienst einberufen. Obwohl ich schon bei der Musterung gebeten hatte, mich heimatnah einzuziehen, sollte ich nach Bayern. Erst als ich den Fußballverein bat, dafür zu sorgen, dass ich in der Nähe blieb, machte man die Entscheidung rückgängig, und ich wurde in Koblenz stationiert. So konnte ich weiter in der Landesligamannschaft spielen und bekam mein Geld.

So richtig viel half das aber nicht, denn beim Panzerbataillon musste ich auch Wochenenddienste schieben. Auch mein großer Bruder konnte nicht mehr jedes Wochenende bei der Mutter sein. Doch die gemeinsame Sorge um unsere Mutter ließ uns nicht los. Deswegen nutzten wir die nächste Attacke unseres Vaters, ihm ein Ultimatum zu stellen. Endgültig.

Alle Versprechen, alle Verträge, die wir untereinander geschlossen hatten, hatte er bis dahin gebrochen. Doch wenn er eine schriftlich niedergelegte, notariell beglaubigte Vereinbarung unterschrieb, so dachten wir tatsächlich, dann würde er sie einhalten. Er ließ sich darauf ein und unterzeichnete in Gegenwart eines Notars, dass er zukünftig meine Mutter nicht mehr misshandeln werde. Falls er es doch wagen sollte, erklärte er sich bereit, das gemeinsame Haus sofort zu verlassen. Darüber hinaus erhielt meine Mutter vollen Zugriff auf alle bestehenden Konten und konnte so sicher sein, bei einem eventuellen Auszug meines Vaters auch finanziell abgesichert zu sein.

Ich habe keine Ahnung, was der Notar über diesen Vertrag dachte und ob er einen solchen Vertrag jemals zuvor oder jemals wieder aufgesetzt und beglaubigt hat. Aber gerade seine Anwesenheit schien uns der beste Beleg, dass es nun mit der Prügelei, der Gewalt, der Demütigung wirklich ein Ende haben würde.

Die nächsten Monate verliefen friedlich. Und als wir uns gerade sicher fühlten mit der Entscheidung und wir wirklich glaubten, dass die Gewalt gegen meine Mutter für immer vorbei sei, belehrte er uns eines Besseren.

Ich hatte ein langes freies Wochenende und entschied mich, dieses nach langer Zeit mal wieder im Haus meiner Eltern zu verbringen. Ich hatte die Hoffnung, dass es tatsächlich friedlich geworden war.

Der Freitagabend war es auch. Es war unglaublich, wie freundlich mein Vater sein konnte, wenn er die Finger von der Flasche ließ. Die Nacht war ruhig und bot keinen Grund zur Sorge. Weder meine Mutter noch ich dachte uns etwas dabei, als er am Samstagnachmittag mit dem Wagen das Grundstück verließ. Hatte er uns doch noch am Abend zuvor eine schöne Überraschung versprochen, und wir waren blauäugig genug zu glauben, dass er sich aufgemacht hatte, um irgendein Geschenk zu besorgen.

Als er jedoch bis zu Beginn der abendlichen Sportschau noch immer nicht zu Hause war, stiegen Zweifel in uns auf. Schließlich ließ er sich dieses wöchentliche Sportereignis gewöhnlich nicht entgehen. Und als dann kurz nach acht Uhr unsere damalige Lieblingssendung »Wetten, dass ...?« mit Thomas Gottschalk begann, war uns klar, was das bedeutete: Er war wieder rückfällig geworden.

Meine Mutter war schwer enttäuscht. Sie verzog sich in Wolfgangs Zimmer. Ich legte mich gegen Mitternacht ins Bett. Nicht, dass ich umgehend hätte einschlafen können. Mir kamen all die alten Geschichten wieder hoch. Wirklich gut verdrängt waren sie nicht, geschweige denn verarbeitet. Ich fand einfach keine Ruhe. Als ich gerade dabei war, meinen Puls runterzufahren und zu entspannen, klopfte es hektisch an meiner Zimmertür.

»Markus! Markus! Da unten passiert was Schreckliches. Hilfe! Du musst mir helfen, bitte«, bat meine Mutter flehend.

Ein Blick auf die Uhr: halb drei. Ich sprang aus dem Bett. Zog mir schnell was an. Im Flur roch es nach Qualm. Aus dem Wohnzimmer dröhnten grölende Stimmen, gleich mehrere. Bevor ich die Wohnzimmertür öffnete, schickte ich meine Mutter in die Küche:

»Also, ich geh jetzt da rein! Und du bleibst hier am Telefon. Wenn ich um Hilfe schreie, rufst du sofort die Polizei! Hast du mich verstanden?«

Sie nickte. Und nickte und nickte noch mal. Ich drückte vorsichtig die Türklinke herunter. In dem Moment schlug mir dunkler Qualm entgegen. Erst konnte ich nichts erkennen. Hielt die Hand vor das Gesicht und tastete mich durch den Rauch Richtung Fenster. Auf der Sofaecke johlten Betrunkene. Einer der massiven Sessel brannte lichterloh. Mein Vater saß mit dem uns allzu gut bekannten Säuferpaar aus dem Nachbarort auf der Couch. Direkt daneben! Und machte nichts. Als wenn nichts geschähe, sangen die drei Besoffenen lauthals Heinos Hit »Schwarzbraun ist die Haselnuss«.

Hasserfüllt dachte ich einen Moment: Ich lass die jetzt hier einfach hocken! Sollen sie doch sehen, wie sie klarkommen.

Doch das hätte ich gar nicht gekonnt. Die waren so voll, dass sie einige Minuten später sicherlich tatsächlich erstickt wären. Damit hätte ich nicht leben können. Mich packte umgehend das schlechte Gewissen. Ich riss die Balkontür auf. Und dann die zwei Fenster.

»Ey!«, grölten sie. »Mach die Luken zu! Und hau ab!«

Ich blieb und versuchte, das Feuer mit einer Decke auszuschlagen. Der Sessel stand nah an der Tür. Und ich versuchte, ihn in den Garten zu befördern. Komplett damit beschäftigt hatte ich nicht an die drei Saufköpfe gedacht. Gerade als ich dabei war, den Sessel über die hohe Kante der Balkontür zu hieven, spürte ich einen dumpfen Schlag auf meiner Schulter. Es krachte was. Der Stuhl kippte nach außen auf die Terrasse. Ich gleich mit.

Starr vor Schreck tat mir alles weh. Ich drehte mich um und sah den besoffenen Freund meines Vaters, der die Balkontür schloss. Von innen. Ich schrie so laut ich konnte. Meine Schulter schmerzte irrsinnig. Ich versuchte aufzustehen und ließ mich gleich wieder fallen. Ein stechender Schmerz schoss durch meine Schulter. Meinen rechten Arm konnte ich nicht heben. Nicht abstützen. Ich schaute ins Wohnzimmer zurück. Hinter der Terrassentür konnte ich auf dem Boden ein Bügelbrett erkennen. Das war es wohl, was da auf meiner Schulter zerschellt war.

Ich weiß nicht mehr, wie, aber mir gelang es, mich ums Haus herum zur Eingangstür zu schleppen. Derweil hörte ich schon die Polizeisirene. Immerhin! Das hatte geklappt! Meine Mutter hatte tatsächlich angerufen. Gut so! Die Nachbarin kam auch angerannt. Zeitgleich mit den Beamten kamen wir an der Tür an. Kurz klärte ich die beiden Beamten über die Ereignisse auf.

Die drei Volltrunkenen taten alles dafür, dass man sie in Handschellen legte, sie abführte, sie auf dem Revier vernahm und sie sogar – und nun war mein Vater endlich wieder da, wo er hingehörte – in die Ausnüchterungszelle steckte.

Als sie endlich aus dem Haus waren, spürte ich wieder diese Schmerzen in der Schulter. Noch in der Nacht wurde ich in die Klinik gefahren und die Schulter geröntgt. Schlüsselbeinbruch und Gelenkkapselriss lautete die Diagnose.

Mit Schmerzmitteln im Gepäck verließ ich das Krankenhaus auf eigenen Wunsch. Schließlich wollte ich nach diesem Ereignis meine Mutter nicht alleine lassen. Wer weiß, ob und wann mein Vater zurückkommen würde.

Zudem wollte ich mich darum kümmern, dass so schnell

wie möglich passierte, was vereinbart war. Kurz gesagt: Der Alte musste weg. Und jetzt hatten wir die Handhabe.

Doch die Durchsetzung der vertraglich vereinbarten Rechte entpuppte sich als schwieriger als erhofft. Mein Vater musste noch in der Nacht seinen Anwalt kontaktiert haben, um sich gegen diese unsere einzige Chance zu wehren. Mit einer einstweiligen Verfügung in der Hand kehrte er am nächsten Tag wieder in das Haus am Buchenweg zurück.

Nein, meine Mutter hat ihm diesmal nicht verziehen. Und nein, auch ich habe ihm keines seiner Versprechen mehr geglaubt.

Äußerlich war Ruhe in den nächsten zwei Wochen, und innerlich fieberten wir dem Beginn des Eilverfahrens am Amtsgericht Cochem entgegen. Als Zeugin war meine Mutter geladen, um gegen meinen Vater auszusagen. Selbstverständlich war ich vor Ort und nutzte gleich als Erster die Gelegenheit, den Anwesenden über die Geschehnisse der letzten fünfzehn Jahre zu berichten. Nicht nur mir standen immer wieder die Tränen in den Augen. Auch der Richter schien entsetzt und berührt über all die Schläge, die Demütigungen, die Schreie, die Nötigungen, die Verletzungen, diese unglaubliche Gewalt, die meinen Vater beherrschte.

Selbst dem Anwalt meines Vaters reichten die Erzählungen, um dafür zu sorgen, dass mein Vater einwilligte, gemäß der Vereinbarung das Haus im Buchenweg umgehend zu verlassen. Meine Mutter wurde nicht mehr in den Zeugenstand gerufen, die Aussage gegen ihren langjährigen Ehemann und den Vater ihrer drei Söhne blieb ihr glücklicherweise erspart.

Danach

Zwei Tage später hatte unser Vater eine Wohnung gefunden. Meine Mutter war versorgt und hatte ab da ihre Ruhe vor ihm. Endlich. Ein weiteres Jahr ging ins Land, bevor die Ehe meiner Eltern geschieden war. Selbst unsere Großeltern zeigten sich erleichtert. Wolfgang kaufte irgendwann unser Elternhaus, baute es um und lebt seither dort mit seiner Familie und meiner Mutter friedlich unter einem Dach.

Ich brauchte mindestens noch fünf Jahre, bevor ich nachts ohne Licht schlafen konnte. Und Oliver fand nach seiner extremen Punkphase auch zu sich und führt heute erfolgreich seinen eigenen Gartenbaubetrieb.

Nachwort

Die unerfüllte Sehnsucht nach einem harmonischen Elternhaus hat mich nie losgelassen. Noch heute frage ich mich immer und immer wieder: Wozu haben wir, unsere Mutter, Wolfgang, Oliver und ich das so lange mitgemacht?

War es der Luxus der siebziger Jahre? War es das vorherrschende Statusdenken? Die sechziger mit dem »Haste was, biste was«-Modus? Oder waren es die fünfziger Jahre schon, in denen nur nach vorn und nicht zurück gesehen werden durfte? Oder gar die vierziger mit Krieg und Nachkriegszeit?

Wolfgang, Oliver und ich waren abhängig – von unseren Eltern, von unserer Mutter, unserem Vater. Kleine Kinder hinterfragen das Verhalten ihrer Eltern selten bis gar nicht. Da ist erst mal alles so, wie es ist. Dessen sind sich Eltern wahrscheinlich nicht immer bewusst. Vor allem nicht, wenn sie selbst nie hinterfragt haben, was ihre Eltern getan, erlebt, erduldet, verschmerzt haben. Wenn auch deren Eltern nicht gesprochen haben über ihre Erfahrungen, Verluste, Traumata.

Die Menschen der Generation meiner Eltern werden alt, auch pflegebedürftig, wenn sie nicht schon verstorben sind. Es wird vermutet, dass viele der Traumatisierten sich unbewusst eher in eine Demenz flüchten, als dem nachzufühlen, was ihnen passiert ist in den Jahren des Krieges und der Zeit danach. Frauen wenden sich häufiger an Fachleute, weil die dünner werdende Haut die Abwehr schwächt, die Erlebnisse und die Wirkungen ans Tageslicht wollen, zurück ins Bewusstsein kommen. Sie wollen Frieden. Mit sich. Mit dem Leben.

Heute frage ich mich in stillen Stunden, wie mein Vater so werden konnte, wie er war und noch ist. Ich habe immer geglaubt, er habe sich Mut angetrunken oder er habe die Kontrolle verloren, wenn er so exzessiv um sich schlug und eben nur auf uns eindrosch. Andere mussten mit seinen Verbalattacken leben. Wie verletzt er wohl gewesen sein muss, als wir ausgezogen sind. Inzwischen wüsste ich gern, welches Trauma sich da für ihn wiederholt hat. Ob er je die Chance hatte, und wenn, ob er sie je genutzt hat, herauszufinden, was Krieg und Flucht und gesellschaftlicher Druck, Ausgrenzung und Integration, Verlust von Geschwistern und Vater mit ihm gemacht haben? Ich habe ihn nie wirklich mit seiner Mutter sprechend erlebt, und von ihr hat er nicht gesprochen.

Was hat meine Mutter so ausharren lassen bei ihrem Peiniger? War es ihre katholische Erziehung? War es das Bedürfnis dazuzugehören? Zu den Bessergestellten? War es vielleicht der Drang, meinem und ihrem Vater zu gefallen? Auch wenn ihr Vater, unser Großvater, letztlich froh war, dass die Ehe geschieden wurde, war er es doch lange, dem meine Mutter vertraute und Gehorsam zeigte, dessen An- und Zurechtweisungen sie folgte, sie hinnahm. Wo hat sie gelernt, sich in einer solchen Opferrolle zu bewähren?

Von wem habe ich gelernt, dass es auszuhalten gilt, dass Erwachsene mein Leid, unser Leid nie sehen wollten, mir nicht helfen konnten, wollten, sollten, durften? Wann habe ich angefangen, allen gefallen zu wollen? Wozu habe ich geglaubt, dass ich Michael retten müsste oder die Mutter meines Vaters oder meine Mutter oder Oliver oder Wolfgang?

Ich habe als Kind viel interpretiert, habe nicht nachgefragt, ob es wirklich so war, wie ich angenommen habe. Ich habe meine Oma nicht gefragt, ob es der Geldmangel ist, der den Kühlschrank gähnend leer erscheinen lässt, sie keine Waschmaschine hat oder ob sie durch ihre Tochter mitversorgt ist. Vielleicht wollte ich das so genau auch gar nicht wissen, weil ich mich darüber definierte, andere zu beschützen, zu vertreten, zu retten.

Meine Brüder haben das Überleben in der Gewalt anders gelöst als ich. Wir haben nie tiefergehend darüber gesprochen, wie sehr uns die Furcht vor Hass, Gewalt, Alkohol- und Machtmissbrauch und vor allem das Schweigen darüber zugesetzt haben.

Meine Großmutter lebt nicht mehr. Ich kann sie nicht mehr fragen, wie sie sich angesichts der Boat-People gefühlt hat. Ich erinnere mich aber an sie und ihre Reaktion auf die Boat-People, wenn ich mitbekomme, wie sich heute Menschen fühlen, die von den aktuellen Problemen des Umgangs mit den Flüchtlingen berührt sind.

Wie viele der Menschen, die heute gegen Flüchtlinge agieren, wie auch immer, kennen die Wurzeln ihrer eigenen Eltern, kennen die Traumata, die Geschichten von Krieg, Flucht, Armut, Hunger, Vertreibung?

Ich bin mir sicher: Es gibt sie nicht. DIE Geschichte der Gewalt oder DIE Geschichte der Prügel. Sie hat viele Farben,

Formen und Nuancen. Und auch jeder Mensch, der gewalttätig ist, hat seine Geschichte.

Nur eines ist immer: Kinder und Frauen sind die Leidtragenden.

Es gibt die Geschichten der Menschen, die Gewalt austeilen und ausüben. Es gibt die Geschichten der Menschen, die die Gewalt einstecken. Und es gibt die Geschichten der Menschen, die nicht hinsehen oder gar wegsehen. Aber es sind nicht die einzigen Geschichten, die es zu erzählen gibt.

In meinem Leben haben die Momente der Normalität, das Fußballspielen, das Musikhören, die Kinobesuche und das Kung-Fu-Training dafür gesorgt, dass ich mich nicht ganz verloren gefühlt habe. Inzwischen habe ich Menschen kennengelernt, die angesichts des Elends anderer nicht wegsehen, sondern zupacken, helfen und aushalten. Ich selbst versuche zu ihnen zu gehören. Das ist nicht leicht. Wen auch immer das berührt: Jede und jeder hat seine Geschichte mit Schmerzen, körperlichen und seelischen, und jede und jeder entwickelt daraus eine andere Qualität der Widerstandsfähigkeit.

Sollte also in Ihrer Nachbarschaft, in Ihrem Umfeld geschrien, geschlagen, um Hilfe gerufen, erpresst, geprügelt, abgelehnt, gedemütigt, ausgegrenzt oder gezüchtigt werden:

Schauen Sie nicht weg. Bitte! Setzen Sie alle Hebel in Bewegung, um darauf aufmerksam zu machen. Holen Sie Hilfe. Wenden Sie sich an professionelle Beratungsstellen, die angesichts von Gewalt nicht verdrängen, Pillen verschreiben oder sie sogar gutheißen.

Mein Bedürfnis, gesehen zu werden, gerettet zu werden, befreit zu werden, meine Suche nach Anerkennung, meine Anpassungsfähigkeit, meine Konfliktscheu haben mich davon abgehalten, dafür zu sorgen, dass es mir gutgeht. Stattdessen habe ich immer an andere gedacht, habe den lieben Gott angefleht, meine Mutter und meine Brüder zu beschützen, auch wenn ich selbst Hilfe brauchte. Es gibt Dinge, die

Menschen verdrängen. Verdrängen, weil sie anders nicht auszuhalten sind. Das ist okay.

Vergangenheit lässt sich nicht ändern. Die Gegenwart zeigt, wie viele Menschen sich weiterhin via Gewalt äußern. Subtile Gewalt, Prügel, Psychoterror: alles Mittel der Kontrolle und Macht.

Heute muss ich nicht mehr heulen vor Wut, sondern kann weinen, weil ich traurig bin. Dies Buch zu schreiben hat mich noch mal in Unruhe versetzt. Die halte ich aus. Sprechen und Schreiben hilft. Mir. Vielleicht und hoffentlich auch anderen.

Nachwort

Von Sabine Andresen und
Cordula Lasner-Tietze

Markus Breitscheidel verdient großen Respekt und Dank. Es kostet Mut und Kraft, so offen über Gewalterfahrungen zu sprechen und zu schreiben. Auch seine Familie wird davon betroffen sein. Dies mitzutragen, ist ein großes Verdienst. Eine solche Haltung ist nicht selbstverständlich – und bisher selten.

Breitscheidels autobiographische Erzählung ist eine unmissverständliche Botschaft. Sie ist eine Aufforderung, misshandelte Kinder wahrzunehmen, Empathie für sie und ihre Lebensumstände zu entwickeln und Wege zu finden, ihnen in ihrer gewaltbelasteten Situation beizustehen und ihnen herauszuhelfen. Zudem appelliert sie an die Menschen der Zivilgesellschaft, konsequent gegen Gewalt vorzugehen – mit Taten, aber vor allem auch mit Argumenten.

Den Mut, über Gewalterfahrungen in der Familie zu erzählen, finden viele Betroffene erst im Erwachsenenalter. Bis dahin haben sie jahre- und jahrzehntelang die Misshandlungen, die Demütigungen und Erniedrigungen – oft schweigend – mit sich herumgetragen. Gewalt kränkt und kann krank machen. Die körperlichen Wunden sind vielleicht vernarbt, die seelischen Verletzungen bleiben ein Leben lang. Und unabhängig davon, wie viel Gras darüber gewachsen sein mag, vergessen sind sie nie. Je früher Kinder Hilfe bekommen, je früher weitere Gewalthandlungen verhindert oder abgewendet werden können, umso mehr Zeit haben Betroffene, ihre Verletzungen zu verarbeiten, und umso mehr Gelegenheiten bekommen sie, heilsame Beziehungserfahrungen zu erleben. Der Heilungsprozess braucht Zeit. Viel Zeit.

Gebraucht werden dazu Orte, etwa in Kita und Schule, wo misshandelten Kindern zugehört und Glauben geschenkt wird. Und wo sie Schutz und Begleitung finden. Gebraucht werden Gelegenheiten und Beziehungen zu Menschen, die gewährleisten, dass Kinder sich in der akuten Situation äußern und anvertrauen dürfen und können. Um dann gemeinsam mögliche Lösungen zu finden.

Als die Bundesrepublik die UN-Kinderrechtskonvention 1992 ratifizierte und im Jahr 2000 im §1631 Absatz 2 des Bürgerlichen Gesetzbuches (BGB) die Ächtung der Gewalt verankerte, waren wir Expertinnen beim Deutschen Kinderschutzbund erfreut, dass damit das Recht des Kindes auf eine gewaltfreie Erziehung festgeschrieben ist – endlich auch in unserem Land. Wir hatten die Hoffnung, dass sich damit die Situation für Kinder entscheidend verbessern würde.

Theoretisch ist das auch so: Neunzig Prozent der Eltern in Deutschland sprechen sich laut neuerer Studien für eine gewaltfreie Erziehung als Ideal aus. Sie geben an, zu versuchen, ihre Kinder ohne Gewalt zu erziehen. Kinder und Jugendliche schätzen ihre Eltern diesbezüglich jedoch weitaus kritischer ein. Und die Realität lehrt uns auch etwas anderes: Körperliche, seelische und sexuelle Gewalt an Kindern ist in unserem Lande nach wie vor weit verbreitet.

Zwei bis drei Millionen Kinder haben mindestens einmal in ihrem Leben erinnerbare Formen von Misshandlungen durch ihre Eltern erfahren. Das ergeben statistische Daten und Hochrechnungen. Was wir auch wissen: Kinder können sich nachweislich an Übergriffe aus den ersten drei Lebensjahren selten bis nie erinnern. Ein Grund mehr zur Sorge: Denn Misshandlungen in diesem frühen Alter sind noch häufiger. Die Dunkelziffer ist also hoch, und damit dürfte die Quote Misshandelter auch weitaus höher ausfallen.

Gewalt an Kindern war, ist und bleibt Unrecht. Gewalt verletzt fundamental die Würde und die Integrität des Kindes. Zahlen haben in dem Zusammenhang zwar eine große

Bedeutung, um auf so ein Problem in unserer Gesellschaft hinzuweisen. Aber um einen Einblick in den Schrecken und die Tragweite, die Tragödie der Erfahrungen zu bekommen, braucht es die Bereitschaft, die eigene Geschichte zu erzählen. Das hat Markus Breitscheidel gemacht.

Dank seiner geschilderten Erfahrungen bekommen alle eine Idee davon, wie Gewalterfahrungen und das Miterleben von Gewalt die gesamte Entwicklung eines Kindes gravierend beeinträchtigen oder beeinflussen können. Seine Schilderungen lassen uns mitfühlen, mitdenken, lassen teilhaben an den Ängsten des Kindes und an seiner Art, mit den Misshandlungen und deren Folgen zurechtzukommen.

Wie lebt ein Kind mit Gewalterfahrung?

Die meisten Menschen, die als Kind Gewalt erlebten, gehen relativ stabil durchs Leben. Sie haben sehr früh gelernt, einen inneren Abstand zu extrem schmerzlichen Erfahrungen zu schaffen, die Gefühle dazu mitunter abzuspalten. So konnten sie ihr seelisches Überleben sichern. Sie verfügen zudem über komplexe Strategien und Kompetenzen, um zuversichtlich ihre Gegenwart und Zukunft zu gestalten.

Nach allem, was wir heute wissen, heilen seelische Verletzungen, wenn überhaupt, am besten durch mitmenschliche Zuwendung, Verständnis, Trost und Anerkennung des Leides. Dazu braucht es verlässliche Beziehungen und einfühlsame Bindungen zu anderen Menschen als den Gewaltausübenden. Für viele Misshandelte ein wichtiges Moment des Überlebens. Nötig ist aber auch die Haltung in der Gesellschaft. Solange Gewalt gegen Kinder nicht wirklich ernst genommen wird, werden wir den Betroffenen nicht gerecht.

In der Wissenschaft wird in den letzten Jahren häufig vom »resilienten« Kind gesprochen. Was verbirgt sich dahinter? Ein Kind kann sich trotz ungünstiger Bedingungen sowie widriger Lebensumstände gut entwickeln, wenn es innerhalb oder außerhalb der Familie mindestens einen Menschen hat, der verlässlich präsent ist und sich zuwendet, der es als Persönlichkeit annimmt, wertschätzt und respektiert. Nicht selten wird diese Person für das Kind zum Vorbild für die Entfaltung eigener Lebensperspektiven. Das können erfahrungsgemäß Familienangehörige oder engere Freunde sein, aber auch Lehrkräfte oder Trainerinnen. Das Bemerkenswerte daran: Den Personen selbst ist selten bewusst, welch besondere Rolle sie in der Entwicklung des Kindes haben.

Das sogenannte »resiliente« Kind handelt oft überlegt und geplant, kann um Hilfe bitten, kann gut und geschickt kommunizieren und kann außerordentlich gut praktische Probleme lösen. Es ist davon überzeugt, sein Schicksal und seine Lebenswelt durch sein eigenes Handeln positiv beeinflussen zu können. Es kennt und nutzt aber auch seine Talente und hat Interessen oder Hobbys, die es mit Freunden teilt.

Auch Markus Breitscheidels Erleben zeigt, wie wichtig es ist, dass diese besonderen Fähigkeiten und Fertigkeiten bei Kindern erkannt, anerkannt und gefördert werden. Für ihn war es bedeutsam, dass er helfen konnte, Anerkennung bekam und so Zuwendung. Ihn stärkte es, sich kompetent und akzeptiert in einer Gemeinschaft zu fühlen. Er erlebte auf diese Weise den heilsamen Gegenpol zu der traumatisierenden Gewalt seines Elternhauses.

Was braucht ein Kind mit Gewalterfahrung?

Um Belastungen und Bedrohungen bewältigen zu können, benötigt der Mensch grundsätzlich das, was die Wissenschaft »Widerstandsressourcen« nennt: soziale Unterstützung der Familie oder des sozialen Umfeldes, Wissen, Intelligenz, aber auch geistige Flexibilität und finanzielle Sicherheit.

Verfügt ein Kind ausreichend über solche Ressourcen, hat es bessere Chancen, seine Potentiale zu erproben und zu festigen. Es geht darum, dass alle Kinder Handlungs- und Bewältigungskompetenzen entwickeln, ausbauen und von diesen auch profitieren können.

Aaron Antonovsky, amerikanischer Professor der Soziologie, beschäftigte sich bereits in den 1970er Jahren mit der Entstehung und den Ursachen (seelischer) Gesundheit. Er schuf den Begriff der Salutogenese. Während alle anderen auf Fehler oder die Defekte schauten (Pathogenese), konzentrierte er sich auf das, was Gesundheit schafft und erhält. Zur Erklärung der Salutogenese bediente er sich einer Metapher. Das Leben ist ein Fluss. Er fließt an einigen Stellen ruhig, an anderen ist er ein reißender Strom. Menschen schwimmen mit der Strömung. Antonovsky fragte sich, wie aus einem Menschen ein so guter Schwimmer wird, dass er trotz vieler Stromschnellen nicht ertrinkt. Die Fähigkeit, gut zu schwimmen, so Antonovsky, entspricht einer Persönlichkeitseigenschaft. Der eines positiven, aktiven Selbstbildes, gekennzeichnet durch das Vertrauen in die eigene Kraft sowie die Fähigkeit, zu handeln und Problemen und Herausforderungen nicht ausweichen zu müssen. Je stärker dieses Zutrauen ausgeprägt ist, umso höher ist die Wahrscheinlichkeit, dass Stress und Belastungen (die Stromschnellen) relativ gut bewältigt werden.

Wie kann ein Kind dieses positive, aktive Selbstbild stärken?

Markus Breitscheidel hatte die Gelegenheiten, seine sogenannten »individuellen Handlungs- und Bewältigungskompetenzen« zu stärken. Außerhalb seiner Familie: beim Fußball und im Turnverein, in seiner Tanz-Clique, in der Familie seines besten Freundes, im Kontakt mit dem Filmvorführer, mit seiner Großmutter, als Klassensprecher. Er schulte jedes erkannte Talent, übte und nutzte es. Grundsätzlich sind dafür Schule und Freizeitaktionen wichtig. Dies gilt besonders für Kinder, die Gewalt erleben oder erlebt haben. Das sind die Orte und Gelegenheiten, an und zu denen sie auch schwierige Aufgaben allein erledigen und ihnen Eigenverantwortung übertragen wird.

So wächst das Zutrauen, Herausforderungen meistern und Probleme bewältigen zu können, und die damit verbundene Anerkennung ihrer Fähigkeiten schafft (wieder) Selbstwertgefühl. In der pädagogischen Fachsprache heißt es dazu: Selbstwirksamkeit erleben.

Die Aufgabe der Erwachsenen ist dabei, Momente der Überforderung bei diesen Kindern zu erkennen. Kinder in gewaltbelasteten Situationen haben frühzeitig erlebt, dass (ihre) Grenzen überschritten werden. Eine Folge dessen könnte in der Entwicklung des Kindes sein, dass es selbst auch über (seine eigenen) Grenzen geht. Der notwendige Schutz vor Überbelastung oder Überforderung muss in diesem Falle durch Erwachsene frühzeitig erkannt und sichergestellt werden können.

Was braucht es, um Gewalt an Kindern zu erkennen?

Gewalt nicht zu ignorieren erfordert zuerst mal Mut, Wissen und einen klaren Kopf. Es mag unwahrscheinlich sein, dass Hämatome an Armen, Beinen, auf dem Rücken oder im Gesicht übersehen werden. Es mag auch unwahrscheinlich klingen, dass bestimmte, wiederkehrende Verletzungen nicht die Assoziation aufkommen lässt, dass körperliche Gewalt die Ursache ist. Und dennoch werden Verletzungen ignoriert und Eltern oder andere Angehörige nicht auf die Verfassung ihres Kindes angesprochen. Wie kann das sein?

Gewalt bei Kindern oder Jugendlichen ruft bei Menschen

eine starke Empathie für deren Situation hervor. Sie sind erschüttert. Gleichzeitig aktiviert sie Gefühle von Hilflosigkeit und Ohnmacht. Die Herausforderung für Menschen im Umfeld des betroffenen Kindes ist es, die eigenen Gefühle der Erschütterung über die Gewalt am Kind zuzulassen, Worte dafür zu finden und sie zu reflektieren.

Ein Austausch darüber könnte der Beginn des – für alle Beteiligten – hilfreichen Prozesses sein, der die Gewalt gegen das Kind beendet. Der Satz »Es macht mich traurig und wütend zu sehen, dass du geschlagen wirst, weil das eigentlich niemand tun darf« ist für das Kind eventuell schon eine Erleichterung, weil es sich wahrgenommen und verstanden fühlt. Selbst der Satz »Ich möchte gern verhindern, dass du wieder geschlagen wirst, und ich überlege gerade, was ich oder auch andere tun können« ist für das Kind die Gewissheit, dass Menschen Mitverantwortung übernehmen. So eine Bezugsperson wird auch der »wissende Zeuge« genannt. Er oder sie kann für das Kind ein Trost, eine Kraftquelle und manchmal auch der Anfang für einen Loslösungsprozess aus dem gewalttätigen Familiensystem sein.

Solch ein Prozess stellt hohe Anforderungen: die Bereitschaft zum genauen Hinsehen, das Mitgefühl für Betroffene und den Mut zum Widersprechen. Er erfordert auch das Verstehen von Gewaltdynamiken, das Wissen um die Widerstände, wenn Gewalt offen von Außenstehenden angesprochen wird.

Die Bedeutung von Beratung?

Konkrete Hilfestellungen für das Kind und die Familie können in Form von Beratung durch spezielle Fachkräfte entwickelt und erarbeitet werden.

Häufig können die Reaktionen der Kinder irritieren, hier brauchen vermutlich die meisten Angehörigen, die dem

Kind helfen wollen, selbst eine Beratung. Aus Angst, Scham, Schuldgefühlen oder Ohnmacht zeigen viele Kinder Abwehr und Widerstand. Nicht selten werden sie aggressiv gegenüber denjenigen, die ihnen eigentlich helfen wollen. Da hilft es zu wissen, dass das Vertrauen der Kinder gegenüber Erwachsenen durch die Gewalterfahrungen erheblich erschüttert ist.

Ein Kind braucht Zeit, um Erfahrungen mit einem Erwachsenen außerhalb der Familie zu sammeln. Es muss prüfen können, ob die entsprechende Person es wirklich ernst mit ihm meint, ob sie behutsam mit dem Kind und seinen Gefühlen umgeht. Das Kind kann nicht vorausschauend wissen, was der Erwachsene mit dem tut, was es ihm über die erlebten Misshandlungen erzählt. Das Kind kann daher die Reaktionen der Erwachsenen wenig einschätzen und schon gar nicht einordnen. Es bleibt immer ein Rest an Unsicherheit. Es kann sein, dass das Kind sich trotz eines vermeintlich guten Kontaktes aus diesem wieder löst, ihn abbricht. Umso wichtiger ist es, ihm zu signalisieren, dass man seine Entscheidung respektiert und dennoch da sein wird, wenn es dies für gekommen erachtet. Dass man dann weiter mit ihm gemeinsam herauszufinden versuchen wird, was es braucht, um vor weiterer Gewalt geschützt zu sein. So erfährt das Kind einerseits einen respektvollen Umgang mit seinen Entscheidungen und muss nicht fürchten, dass in den Beziehungen seine Grenzen überschritten werden. Zudem erlebt das Kind, dass es Mitspracherecht hat, mitentscheiden kann, wenn es um die konkreten Maßnahmen zur Abwendung der Gewalt geht.

Welche Art von Hilfe gibt es?

Nicht nur das Kind kann in einer solchen Begegnung verunsichert sein. Auch der erwachsene Helfer kann sich überfordert fühlen, wenn das Kind in der Beziehung sehr unsicher, zurückhaltend oder gar grenzüberschreitend ist. Diese Verhaltensweisen resultieren aus den bisherigen Erfahrungen des Kindes, haben meist nichts mit der Person zu tun, die sich gerade dem Kind (zur Seite) stellt. Sie fordern die Helfer aber außerordentlich oder setzen sie unter Druck. Schließlich hat jeder Erwachsene seine eigene Geschichte, an die er oder sie durch die Erlebnisse des Kindes erinnert wird. Auch sind die Erwartungen der Gesellschaft, schnell zu handeln, eine enorme Belastung und können zu einer starken Verunsicherung führen. Die Frage, die die Helfer stets bewegt, ist, das Richtige zum richtigen Zeitpunkt zu tun.

Der Kontakt mit dem »System Gewalt« bringt aber komplizierte Beziehungskonstellationen und daraus resultierende Konflikte mit sich. Selbst Fachkräfte holen sich deswegen Unterstützung, um hilfreiche Beziehungen mit den Kindern und Eltern aufbauen und pflegen zu können.

Helfen können beispielsweise Mitarbeiter des Deutschen Kinderschutzbundes. Erfahrene Fachkräfte sind eine gute Anlaufstelle, um all diese Fragen und Probleme zu besprechen. Die Diplom-Sozialpädagogen des DKSB haben meist eine Zusatzausbildung oder sind Psychologen mit Erfahrungen im Bereich des Kinderschutzes.

Angaben zu entsprechenden Beratungsstellen des DKSB vor Ort finden sich über das Internet. Die Fachkräfte sollten schnell – persönlich oder telefonisch – erreichbar sein und über ausreichend Zeit verfügen, um Personen, die Kontakt mit einem misshandelten Kind haben, zu beraten.

Wie funktioniert eine solche Beratung?

In einem Kontakt-/Beratungsgespräch können Betroffene, Beteiligte oder Beobachter ihre Wahrnehmungen und die konkrete Gefährdungssituation beschreiben. Bereits hier wird auf mögliche Klippen und Stolpersteine im Kontakt mit dem Kind und dessen Eltern hingewiesen. Ziel eines solchen Gespräches ist es, erst einmal einzuschätzen und abzuwägen, welche Hilfen die ratsuchende Person überhaupt anbieten könnte. Diese Hilfen reichen von allgemeiner Nachbarschaftshilfe zur Unterstützung der Familie in Belastungssituationen bis hin zur Vermittlung von Beratungsstellen oder allgemeinen Angeboten wie Familienpatenschaften oder Elternbildungsangeboten. Erscheint eine Hilfe so nicht möglich oder ausreichend, ist zu befürchten, dass die Gewalt in der Familie bestehen bleibt.

Dann wäre der nächste Schritt eines Beobachters oder »wissenden Zeugen«, das Jugendamt einzuschalten. Sobald das informiert ist, muss es mit den Eltern sprechen und mit ihnen nach Möglichkeiten von Hilfeleistungen suchen. Sollten Eltern jegliche Hilfe ablehnen und besteht die Gefährdungssituation für das Kind weiter, müssen die Mitarbeiter des Jugendamtes die Eltern darüber aufklären, dass das Familiengericht angerufen wird. Dieses kann dann entsprechende Hilfe zum Schutz des Kindes einleiten – auch gegen den Willen der Eltern.

Wichtig ist folgende Neuerung: Kinder haben selbst Anspruch auf Beratung in Notsituationen. Auch ohne dass die Eltern davon wissen. Das wurde mit Inkrafttreten des Bundeskinderschutzgesetzes im Januar 2012 geregelt. Dieses Recht ist den betroffenen Kindern aber häufig nicht bekannt. Sollten sie davon wissen, plagt viele die Angst, dass der Kontakt zum Jugendamt bedeuten kann, dass sie gegebenenfalls die Familie verlassen müssen. Das verunsichert und schürt Schuldgefühle gegenüber den Eltern. Vielleicht scheuen viele Betroffene deshalb erst mal den Kontakt zum Jugendamt. Sich dessen wohl bewusst, zögern auch viele Beobachter.

Um sich tatsächlich für Hilfe entscheiden zu können, brauchen die Betroffenen erst einmal Informationen über die verschiedenen Hilfemöglichkeiten. Unserer Erfahrung nach ist es für Kinder wichtig, dass sie zunächst, eventuell auch anonym, im Telefongespräch oder per Mail, mehr über die konkrete Person erfahren können, die ihnen Hilfe anbietet:

Wie reagiert diese auf meine Schilderungen? Wie ernst werde ich genommen? Welche Haltung haben die Helfer/innen zu Gewalt? Was können sie mir anbieten, oder wie können sie helfen? Welche Möglichkeiten habe ich, mitzuentscheiden, wenn es darum geht, Hilfen in Anspruch zu nehmen? Solche Fragen beschäftigen die Betroffenen mehr oder weniger bewusst. Profis wissen das und beantworten diese Fragen, auch wenn sie nicht offen gestellt werden.

Die größte Herausforderung für Helfer und Helferinnen: nach bestem Wissen und zugunsten der Betroffenen zu prüfen, wie das Kind in die Entscheidungen alters- und entwicklungsgerecht eingebunden werden kann. Denn der Schutz des Kindes und die Beteiligung an allen das Kind betreffenden Entscheidungen sind oberstes Gebot für Eltern und Fachkräfte der Kinder- und Jugendhilfe sowie der Bildungseinrichtungen.

Sobald Fachkräfte von Gewalt gegen Kinder wissen oder sie erkennen, müssen sie ihre Wahrnehmungen klar formulieren und die Gefahr für die Kinder konkret benennen. Auch sind sie verpflichtet, die Eltern umgehend auf deren Verantwortung, im Sinne des Kindeswohls zu handeln, hinzuweisen und anzusprechen.

Wenn Eltern die angebotene Hilfe nicht annehmen, das Kind also weiter der häuslichen Gewalt ausgesetzt wäre, tritt das »staatliche Wächteramt« in Kraft.

Was bedeutet »staatliches Wächteramt«?

Die Auslegung der Gesetze sieht vor, dass bei Gefahr für die körperliche und seelische Gesundheit des Kindes auch ohne Einverständnis der Eltern das Leben des Kindes durch Entscheidung des Familiengerichts und Handeln des Jugendamtes geschützt wird.

Etwa durch eine sogenannte »Inobhutnahme«. Gefährdete Kinder werden dann zunächst für eine begrenzte Zeit in einer sicheren Umgebung untergebracht wie z. B. in einer Wohngruppe der Kinder- und Jugendhilfe. Das Kind kann so nach der akuten Krise zur Ruhe kommen. Und die Mitarbeiter des Jugendamtes können die Beratung aller Beteiligten gewährleisten. Schließlich muss eine tragfähige Lösung gefunden werden. Das Jugendamt ist in der Zeit aufgefordert, sich sowohl mit dem Kind als auch mit den Eltern und der aktuellen Situation intensiv zu befassen. Seine Aufgabe ist es, herauszufinden, zu prüfen und zu entscheiden, welche Unterstützung sowie Maßnahmen für den Schutz des Kindes weiter erforderlich sind. Erst wenn Eltern die angebotene Hilfe nicht annehmen, kann das Jugendamt ebenso das Familiengericht anrufen, um weitere Entscheidungen für das Kind treffen zu lassen.

Gesetzestexte spiegeln die Haltung unserer Gesellschaft wider, bestimmen unser Handeln und setzen Grenzen gegenüber denjenigen, der sie verletzt. Ob Markus Breitscheidel geholfen gewesen wäre, wenn er schon die Möglichkeit gehabt hätte, sich unabhängig von seinen Eltern beraten zu lassen? Wir wissen es nicht.

Ob Kinder geschützt werden, hängt maßgeblich von den couragierten Menschen ab, die keine Angst haben, hinzuschauen, sich nicht (vor sich selbst) fürchten, die fürsorglich, beziehungswillig und reflexionsbereit sind. Und es braucht die, die dann Kontakt mit Fachleuten aufnehmen, um sich schlauzumachen und damit anderen zu helfen – in unserem Falle den misshandelten Kindern und deren Familien.

In dieser herausfordernden Gemengelage macht sich der Deutsche Kinderschutzbund stark für die Rechte der Kinder, versucht mit seiner Lobbyarbeit, aber auch mit seinen vielfältigen Angeboten Gewalt gegen Kinder zu verhindern, Eltern und Kinder zum (innerfamiliären) Dialog zu befähigen, Fachkräfte zu schulen und zu stärken, Sachbearbeiter und Verwaltungsangestellte, Politiker und Entscheider auf allen Ebenen zu sensibilisieren. Es geht darum, das Recht des Kindes auf eine gewaltfreie Erziehung zu konsolidieren.

Der Deutsche Kinderschutzbund Bundesverband e.V. (DKSB)

Der DKSB wurde 1953 in Hamburg gegründet und ist der größte Kinderschutzverband in Deutschland. Fünfzigtausend Einzelmitglieder engagieren sich bundesweit und bilden die Basis für »die lobby für kinder«. Sie organisieren sich in über 430 Ortsverbänden, sechzehn Landesverbänden und einem Bundesverband.

Der DKSB engagiert sich für die Umsetzung der Kinderrechte nach der UN-Kinderrechtskonvention in Deutschland und vertritt konsequent seine Position auch in der Bundes- und Landesgesetzgebung sowie bei Planungen und Beschlüssen in Städten und Gemeinden.

Der DKSB engagiert sich für eine kinderfreundliche Gesellschaft, besonders für das Aufwachsen der Kinder in Gewaltfreiheit. Er setzt sich dafür ein, dass alle Kinder ihre Fähigkeiten entfalten können und deren Rechte auf Würde, gesunde Entwicklung, Schutz und Beteiligung gewährleistet werden.

Gemäß dem Leitbild des DKSB von 2003 geht es auf allen Ebenen um die Achtung der Würde und Integrität des Kindes, die konsequente Berücksichtigung seiner Kompetenzen, Bedürfnisse und Interessen.

Der DKSB arbeitet seit Jahren mit verschiedenen Programmen für Kinder und Familien, um zu verhindern, dass Kinder Vernachlässigung, körperlicher Misshandlung, seelischer Gewalt, sexualisierter Gewalt und dem Miterleben elterlicher Partnergewalt ausgesetzt sind.

Der DKSB hilft Betroffenen mit den eigens dafür entwickelten Programmen in seinen Beratungsstellen und Kinderschutz-Zentren. Beratungsstellen vor Ort finden Sie unter www.dksb.de.

Die Beratungsstellen des DKSB bei Gewalt gegen Kindern und die Kinderschutz-Zentren

Der zentrale Auftrag der Beratungsstellen und Kinderschutz-Zentren ist die fachliche und gesellschaftspolitische Gestaltung des Kinderschutzes in Deutschland. Die dringendste Aufgabe ist, Kinder und Jugendliche vor Vernachlässigung, körperlicher, psychischer und sexueller Gewalt zu schützen. Diese ist nur zu bewältigen, wenn alle gesellschaftlichen Gruppen, Initiativen, Verbände und Parteien zusammenarbeiten. Die Beratungsstellen sowie Kinderschutz-Zentren können vor allem ihr tiefes Wissen und die langjährige Erfahrung zu diesem Prozess beisteuern.

Der DKSB weiß aber auch: Gewalt gegen Kinder abzuwenden und misshandelten Kindern förderliche Bedingungen für ihre weitere Entwicklung sicherzustellen, ist eine gesamtgesellschaftliche Aufgabe. Das kann nur gelingen, wenn politisch Verantwortliche, pädagogisch Handelnde in öffentlichen Bildungs- und Betreuungseinrichtungen sowie die Menschen der Zivilgesellschaft gemeinsam das Wohl des Kindes in den Mittelpunkt ihrer Bemühungen stellen.

Auf der Tatsache, dass gesetzliche Grundlagen zur Ächtung der Gewalt in der Erziehung geschaffen sind, ruht der DKSB sich nicht aus. Die Rechte der Kinder sind noch nicht allen bewusst, und noch stehen nicht alle dafür ein. Denn auch strukturelle und institutionelle Gewalt erschweren nach wie vor das gesunde Aufwachsen von Kindern.

Kinder sind eigenständige Persönlichkeiten und haben das Recht, in einem gewaltfreien Umfeld aufzuwachsen, das ihre Bedürfnisse achtet und sie in ihrer Entwicklung unterstützt. Der Deutsche Kinderschutzbund wird nicht müde, sich auch in Zukunft gegen jede Form der Gewalt gegen Kinder einzusetzen.

Der Deutsche Kinderschutzbund fordert zum Schutz der Kinder vor Gewalt[1]:

1. Die Kinderrechte im Grundgesetz zu verankern.
2. Im gesellschaftlichen, institutionellen Rahmen müssen gewaltbelastete Situationen abgebaut werden.
3. Beteiligung, Schutz und Förderung müssen als Standard der pädagogischen Arbeit in Einrichtungen etabliert werden.
4. Beschwerdeverfahren müssen ausgebaut werden und eine starke Ombudsschaft in der Kinder- und Jugendhilfe verankert werden.
5. Zur Vermeidung familiärer Gewalt muss sichergestellt werden, dass jedes Familienmitglied fachlich adäquate, niedrigschwellige Angebote unter Beachtung der Wahlfreiheit zwischen freien und öffentlichen Trägern wohnortnah finden kann.
6. Präventions- und Hilfsangebote bedürfen einer hinreichenden und dauerhaften Finanzierung und müssen zudem evaluiert und fachlich weiterentwickelt werden.
7. Fachkräfte unterschiedlicher Professionen müssen zum Thema Gewalt weitergebildet werden.
8. Mädchen und Jungen sowie Eltern und Fachkräfte müssen sensibilisiert und gestärkt werden, damit sie

[1] Kinderpolitisches Programm: www.dksb.de/Content/E-Paper-Kinderpolitisches-Programm/#/28

Gewalt erkennen und benennen sowie gewaltfreie Lösungen finden können.

9. Das Dunkelfeld muss durch die Vergabe von Forschungsaufgaben erhellt werden.

Kinderschutz-Zentren und Kontaktdaten:

Kinderschutz-Zentrum Aachen
Kirberichshoferweg 27-29
52066 Aachen
Tel.: 0241 94 99 40
Fax: 0241 9 49 94 13
E-Mail: info@kinderschutzbund-aachen.de

Kinderschutz-Zentrum Berlin
Juliusstr. 41
12051 Berlin
Tel.: 030 683911-0
Fax: 030 683911-34 / -22
E-Mail: post@kinderschutz-zentrum-berlin.de

Kinderschutz-Zentrum Bremen
Humboldtstr. 179
28203 Bremen
Tel.: 0421 240 112 20
Fax: 0421 240 112 89
E-Mail: kinderschutzzentrum@dksb-bremen.de

Kinderschutz-Zentrum Dortmund
Gutenbergstr. 24
44139 Dortmund
Tel.: 0231 206 458 0
Fax: 0231 206 458 20
E-Mail: kontakt@kinderschutzzentrum-dortmund.de

Ärztliche Kinderschutzambulanz Düsseldorf
Kronenstr. 38
40591 Düsseldorf
Tel.: 0211 919 37 00
Fax: 0211 919 39 91
E-Mail: ksa@evk-duesseldorf.de

Kinderschutz-Zentrum Essen
Weberplatz 1
45127 Essen
Tel.: 0201 20 20 12
Fax: 0201 20 78 84
E-Mail: kinderschutz-zentrum@dksb-essen.de

Kinderschutz-Zentrum Göppingen
Schillerplatz 9
73033 Göppingen
Tel.: 07161 96 94 94
Fax: 07161 96 94 95
E-Mail: kinderschutzzentrum@dksb-gp.de

Kinderschutz-Zentrum Gütersloh
Böhmerstr. 13
33330 Gütersloh
Tel.: 05241 149 99
Fax: 05241 149 98
E-Mail: sekretariat@kinderschutz-zentrum.info

Kinderschutz-Zentrum Hamburg
Emilienstr. 78
20259 Hamburg
Tel.: 040 491 00 07
Fax: 040 491 16 91
E-Mail: kinderschutz-zentrum@hamburg.de

Kinderschutz-Zentrum Hamburg-Harburg
Eißendorfer Pferdeweg 40a
21075 Hamburg-Harburg
Tel.: 040 790 10 40
Fax: 040 790 10 499
E-Mail: kinderschutzzentrum-harburg@hamburg.de

Kinderschutz-Zentrum Hannover
Escherstr. 23
30159 Hannover
Tel.: 0511 374 34 78
Fax: 0511 374 34 80
E-Mail: info@ksz-hannover.de

Kinderschutz-Zentrum Heidelberg
Adlerstr. 1/6
69123 Heidelberg
Tel.: 06221 739 21 32
Fax: 06221 739 21 50
E-Mail: kinderschutz-zentrum@awo-heidelberg.de

Kinderschutz-Zentrum Kiel
Sophienblatt 85
24114 Kiel
Tel.: 0431 12218-0
Fax: 0431 12218-11
E-Mail: info@kinderschutz-zentrum-kiel.de

Kinderschutz-Zentrum Köln
Bonner Str. 151
50968 Köln
Tel.: 0221 577 77 0
Fax: 0221 577 77 11
E-Mail: kinderschutzzentrum@kinderschutzbund-koeln.de

Kinderschutz-Zentrum Kulmbach
der Geschwister-Gummi-Stiftung
Schießgraben 7
95326 Kulmbach
Tel.: 09221 92 92 18
Fax: 09221 92 92 90 18
E-Mail: kinderschutzzentrum@gummi-stiftung.de

Kinderschutz-Zentrum Leipzig
Brandvorwerkstr. 80
04275 Leipzig
Tel.: 0341 960 28 37
Fax: 0341 960 28 38
E-Mail: info@kinderschutz-leipzig.de

Kinderschutz-Zentrum Lübeck
An der Untertrave 78
23552 Lübeck
Tel.: 0451 788 81
Fax: 0451 722 95
E-Mail: kinderschutz-zentrum-luebeck@awo-sh.de

Märkisches Kinderschutz-Zentrum
Paulmannshöher Str. 14
58515 Lüdenscheid
Tel.: 02351 46 39 15
Fax: 02351 46 39 15
E-Mail: info@maerkisches-kinderschutz-zentrum.de

Kinderschutz-Zentrum Mainz
Lessingstr. 25
55118 Mainz
Tel.: 06131 61 37 37
Fax: 06131 67 05 04
E-Mail: info@ksz-mainz.de

Kinderschutz-Zentrum München
Kapuzinerstr. 9
80337 München
Tel.: 089 55 53 56
Fax: 089 550 295 62
E-Mail: kischuz@dksb-muc.de

Ärztliche Kinderschutzambulanz Münster
Melchersstr. 55
48149 Münster
Tel.: 0251 418 54 0
Fax: 0251 418 54 26
E-Mail: kinderschutzambulanz@drk-muenster.de

Kinderschutz-Zentrum Oldenburg
Friederikenstr. 3
26135 Oldenburg
Tel.: 0441 177 88
Fax: 0441 248 98 00
E-Mail: info@kinderschutz-ol.de

Deutscher Kinderschutzbund Osnabrück e.V.
Goethering 5
49074 Osnabrück
Tel.: 05 41 33 03 6 – 0
Fax: 05 41 33 03 6 – 20
E-Mail: info@kinderschutzbund-osnabrueck.de

Kinderschutz-Zentrum Ostalb
Heugenstr. 5
73525 Schwäbisch Gmünd
Tel.: 07171 180 819
Fax: 07171 180 825
E-Mail: kinderschutzzentrum-ostalb@franzvonassisi.de

Kinderschutz-Zentrum Rheine
An der Stadtmauer 9
48431 Rheine
Tel.: 05971 914 39 0
Fax: 05971 914 39 33
E-Mail: info@dksbrh.de

Kinderschutzzentrum Sankt Gallen
Falkensteinstrasse 84
CH – 9006 St. Gallen, Schweiz
Tel.: +41 (0) 71 243 78 02
Fax: +41 (0) 71 243 78 18
E-Mail: invia@kszsg.ch

Kinderschutz-Zentrum Stuttgart
Pfarrstr. 11
70182 Stuttgart
Tel.: 0711 238 90 0
Fax: 0711 238 90 18
E-Mail: info@kisz-stuttgart.de

Kinderschutz-Zentrum Westküste
Theodor-Storm-Str. 7
25813 Husum
Tel.: 04841 69 14 50
Fax: 04841 69 14 59
E-Mail: kinderschutz@dw-husum.de

Nummer gegen Kummer

Nummer gegen Kummer e.V. hat bundesweit zwei kostenfreie Beratungsangebote eingerichtet: das Elterntelefon und das Kinder- und Jugendtelefon. Diese helfen anonym und vertraulich – damit aus Fragen und kleinen Sorgen keine Probleme oder große Krisen werden. – Nummer gegen Kummer e.V. ist Mitglied im Deutschen Kinderschutzbund.

Das Elterntelefon
0800 111 0 550 – Beratungszeiten: montags bis freitags 9 bis 11 Uhr, dienstags und donnerstags 17 bis 19 Uhr

Das Kinder- und Jugendtelefon
0800 111 0 333 – Beratungszeiten: montags bis samstags 14 bis 20 Uhr

KINDER STARK MACHEN

Der Deutsche Kinderschutzbund will Kinder stark machen, ihre Fähigkeiten fördern, sie ernst nehmen und ihre Stimme hören. Dazu brauchen wir Sie. Setzen Sie sich gemeinsam mit uns für eine bessere Zukunft unserer Kinder ein und werden Mitglied im Deutschen Kinderschutzbund.

Informationen dazu finden Sie unter www.dksb.de

Damit sich der Deutsche Kinderschutzbund auch weiterhin für seine Schwerpunktthemen Kinderrechte, Gewalt gegen Kinder und Kinder in Armut einsetzen kann, sind wir auch auf Ihre finanzielle Unterstützung ausgewiesen. Mit Ihrer Spende schaffen wir es.

Spendenkonto
IBAN: DE25 2512 0510 0007 4880 00 | BIC: BFSWDE33HAN
oder über unsere Internetseite oder einfach per PayPal

DEUTSCHER KINDERSCHUTZBUND E.V. (DKSB)

die lobby für kinder

Markus Breitscheidel

Abgezockt und totgepflegt

Alltag in deutschen Pflegeheimen

ISBN 978-3-548-36901-3
www.ullstein-buchverlage.de

Dahinsiechende Bewohner, ausgebeutete Arbeitskräfte, fragwürdig verwendete öffentliche und private Gelder – das, was Markus Breitscheidel während seiner Tätigkeit in verschiedenen Alters- und Pflegeheimen erlebte, sprengte nicht selten die Grenze der Menschenwürde und Rechtschaffenheit. Sein Buch ist ein erschütterndes Protokoll der katastrophalen Zustände in unserem Pflegesystem.

»Wie notwendig die Reform des Pflegesystems wirklich ist, zeigt dieses Buch.« *Welt am Sonntag*

»Dieses Buch schockiert Deutschland.«
TV Hören und Sehen

US254

ullstein

Sascha Bisley

Zurück aus der Hölle

Vom Gewalttäter zum Sozialarbeiter

Klappenbroschur
Auch als E-Book erhältlich.
www.econ.de

Ein krasser und selbstkritischer Bericht über die Abgründe eines Lebens

Schon als kleiner Junge begeistert sich Sascha Bisley für Waffen, als Jugendlicher glaubt er sich nur beim Prügeln stark, Alkohol- und Drogenexzesse inklusive. 17 Verfahren wegen Körperverletzung sind nur das Vorspiel zu einer Tat, die alles ändert.

Im Jugendknast setzt sich Sascha mit seinem Leben auseinander. Auf seinen Selbsthass folgt Reue und der Wille, ein anderer Mensch zu werden. Als er nach einem Jahr U-Haft auf Bewährung freigelassen wird, beginnt er seinen Weg in ein neues, besseres Leben.

»Ein wichtiges Buch, das den Knast aus der Perspektive eines Betroffenen zeigt«
Joe Bausch

Econ